AF177277

Für meine jüngsten Enkelkinder
Helena und Simon

Brigitta Schieder

Märchen für kleine Kinder

Geschichten und Praxisideen für Krippe, Kita und Tagesmütter

Gerne nehmen wir Ihre Anregungen, Wünsche, Kritik oder Fragen entgegen:
Don Bosco Medien GmbH, Sieboldstraße 11, 81669 München
Servicetelefon: (089) 4 80 08-3 41

Bibliografische Information der Deutschen Nationalbibliothek
Die Deutsche Nationalbibliothek verzeichnet diese Publikation
in der Deutschen Nationalbibliografie; detaillierte bibliografische
Daten sind im Internet über http://dnb.d-nb.de abrufbar.

2. Auflage 2018 / ISBN 978-3-7698-2089-8
© 2014 Don Bosco Medien GmbH, München
www.donbosco-medien.de
Umschlaggestaltung und Umschlagillustration: Liliane Oser, Hamburg
Innenillustrationen: Jorina Hinrichs, Leipzig
Satz: Don Bosco Medien GmbH, München
Druck: BoD – Books on Demand, Norderstedt

Gedruckt auf umweltfreundlichem Papier

Inhalt

Vorwort

Märchen sind für Kinder ein unbestritten wertvoller Schatz. Das eigentliche Märchenalter von Kindern – so ist meine Überzeugung – beginnt aber erst mit etwa vier, viereinhalb Jahren. Dann haben Kinder einen Reifestand erreicht, der es ihnen ermöglicht, auch komplexere Inhalte miteinander zu verknüpfen und gewinnbringend aufzunehmen. Dies gilt für das Erzählen und Vorlesen der klassischen „Zaubermärchen". So nennt man die tiefgründigen Entwicklungsmärchen, die in allen Völkern über eine lange Reihe von Generationen mündlich überliefert wurden.

Was aber ist mit den jüngeren Kindern? Der Wunsch, auch ihnen einen Zugang zur Welt der Märchen zu eröffnen, ist verständlich und er war der Impuls für mich, dieses Märchenbuch für kleine Kinder zusammenzustellen, das kaum eines der bekannten Märchen beinhaltet. Denn die klassischen Märchen, diese wertvollen symbolischen Geschichten, auf Kleinkind-Niveau zu verkürzen, hieße nichts anderes, als ihnen ihren tieferen Sinn zu nehmen. Damit würde auch ein Zugang zu ihrer Botschaft in späteren Jahren verbaut.

Während der Vorbereitung dieses Buches habe ich öfter an den schönen alten Begriff „Ammenmärchen" gedacht. Schon immer wusste man ja, dass nicht alle Märchen für alle Kinder geeignet sind. „Ammenmärchen", das sind diejenigen Märchen, die die Ammen früher ihren kleinen Schützlingen erzählten. Es handelte sich dabei schon immer – neben selbst erdachten Geschichten – um kurze, überlieferte Erzählungen für die Jüngsten bis zum Alter von etwa vier Jahren. Daran habe ich mich orientiert und die vorliegende Sammlung entsprechend aufgebaut. Zum großen Teil finden sich in diesem Buch Tierfabeln und kleine Tiermärchen. Darin übernehmen Tiere menschliche Verhaltensweisen, die auch schon kleinen Kindern vertraut sind. Auch so genannte Kettenmärchen sind enthalten.

Sie sind wenig tiefgründig, machen den kleinen Zuhörern aber großen Spaß und animieren zum lebhaften Mitsprechen.

Drei kleine Geschichten meiner märchenbegeisterten Enkelkinder Veronika und Marinus habe ich ebenfalls aufgenommen. Sie zeigen, wie vielschichtig anregend es wirkt, von klein auf Märchen erzählt zu bekommen.

Dazwischengestreut habe ich auch erste „echte" Volksmärchen, die von ihrem Inhalt her so einfach und kurz sind, dass sie Kindern ab etwa drei Jahren vorgelesen bzw. erzählt werden können. Diese Märchen sehe ich als ganz besondere „Seelennahrung". Sie bestätigen den Kindern erste Ahnungen davon, dass diese Welt viel mehr birgt als das Nur-Sichtbare, Materielle. Auch das Vertrauen, dass es in allen Ängsten und Nöten immer auch Hilfe und Auswege gibt, werden diese Märchen bei den Kindern stärken. Den Abschluss bildet „Der Wolf und die sieben Geißlein" – ein allseits bekanntes, klassisches Zaubermärchen. Weil nicht Menschenkinder, sondern Tierkinder das Abenteuer mit dem Wolf bestehen, ist es aus meiner Sicht das erste „große" Märchen, das um den vierten Geburtstag herum die Tür in weitere wunderbare Welten öffnet.

Nach reiflicher Überlegung habe ich mich dazu entschieden, die Sprache der ausgewählten Geschichten zwar in eine altersgerechte Erzählfassung zu bringen, sie aber *nicht durchgehend* auf Kleinkindniveau zu verkürzen oder extrem zu vereinfachen. Sprache entwickelt sich bei Kindern ja nicht, indem sie nur auf kindlichem Niveau angeboten wird. Für den Spracherwerb sollten Kinder „in Worten schwimmen", eine Vielfalt von neuen, auch ungewohnten Wörtern hören – und zwar in Verbindung mit lebendigen Emotionen. Dies erfahren Kinder, wenn ihnen Märchen – spannende, lustige oder ernste – in entspannter Atmosphäre von einer vertrauten Person vorgelesen oder erzählt werden. Es ist auch nicht erforderlich, dass sie jedes einzelne Wort bereits im Kleinkindalter intellektuell verstehen, die Bedeutung kann jeweils aus dem Handlungsablauf erschlossen werden. Wenn Kinder nicht von sich aus danach fragen, sollte auf Erklärungen verzichtet werden.

Die Texte der Brüder Grimm habe ich weitgehend im Wortlaut belassen, lediglich an manchen Stellen sehr lange Sätze etwas verkürzt. Ich möchte daran erinnern, dass die dort gebrauchte Hochsprache zum Weltkulturerbe zählt. Im Vergleich zur verbreiteten Alltagssprache wirkt sie oft sperrig und fremd. Doch alle einschlägigen Untersuchungen dazu belegen klar, dass es gerade diese bilderreiche Sprache ist, die wie keine andere die Fähigkeit fördert, eigene innere Bilder und Vorstellungen zu entwickeln. Mit diesen Märchen können wir unseren Kindern bereits in jungen Jahren die Tür zu wertvoller Literatur einen Spalt weit öffnen und ihre Liebe dazu wecken.

Zu jedem der Märchen finden sich methodische Hinweise mit Angaben zu Vorlesezeit bzw. Erzähldauer, mit Gedanken zum jeweiligen Thema in Bezug auf die Altersstufe der Kinder und einer kurzen Inhaltsangabe. Impulse zur Vertiefung sowie Gesprächs- und Spielanregungen runden jede Märcheneinheit ab.

Meinen beiden Enkelkindern Marinus und Veronika danke ich ganz herzlich dafür, dass sie mir selbst erdachte Märchen für dieses Buch zur Verfügung gestellt haben. Ich bin sicher, dass an diesem Geschenk viele Kinder ihre Freude haben werden.
Allen Leserinnen und Lesern wünsche ich nun Lust auf's Märchenerzählen, kreative Inspirationen und beglückende Märchenstunden mit den Kindern!

Brigitta Schieder

Die Märchen

„Der Märchenbaum", jeweils zu Beginn der Erzähleinheit vorgetragen oder vorgelesen, wird schon nach kurzer Zeit zum geliebten Ritual für die Kinder werden.

Der Märchenbaum

Es war einmal vor langer, langer Zeit,
da stand im Märchenwald ein
wunderschöner Märchenbaum.
Seine Blätter schimmerten und glänzten.
Sein Stamm war mit goldener Rinde bedeckt.
In jedem Blatt steckte ein Märchen.
Heute ist ein Märchen herausgefallen.
Soll ich es dir erzählen?

Marinus (9 Jahre)

Der kleine Hirsch und der große Tiger

Vorlesedauer:	5 Minuten
Thema:	**Angstbewältigung** Mutig und ein wenig frech sein vertreibt die Angst und ist oft viel besser als weglaufen!
Inhalt:	Der kleine Hirsch grast friedlich, als ein großer Tiger auftaucht. Das Hirschlein wird ganz starr vor Schreck – doch der Tiger hat wohl noch nie so ein Tier gesehen und ist sehr neugierig. Er will wissen, wozu er die „seltsamen Greifer" auf seinem Kopf braucht. Nun erzählt ihm das listige kleine Hirschlein, dass es sie braucht, damit es „die großen Tiger besser zerreißen" kann. So geht die Geschichte noch ein wenig weiter. Je größer die Angst des kleinen Hirschleins ist, umso furchteinflößender werden seine Drohungen gegenüber dem Tiger, der ihm jedes Wort glaubt. Zuletzt fürchtet dieser sich so sehr, von dem kleinen Hirschen gefressen zu werden, dass er davonrennt, so schnell er nur kann.

Es war einmal ein kleiner Hirsch. Der ging spazieren und rupfte sich ein wenig Gras. Da kam ein großer Tiger aus dem Wald. Das Hirschlein erstarrte vor Furcht. Doch es nahm allen Mut zusammen und lief nicht fort, sondern graste weiter.

Der Tiger wunderte sich. „Was ist das für ein Tier? Es scheint mich gar nicht zu fürchten", dachte er und sprach: „Guten Tag, mein Freund, nichts für ungut. Doch sag, was für seltsame Greifer trägst du auf deinem Kopf? Wozu brauchst du sie?"
„Damit ich die großen Tiger besser zerreißen kann", erwiderte listig das Hirschlein.
Der Tiger erschrak. „Und warum hat dein Fell so viele weiße Flecken?"
„Weil jedes Mal, wenn ich einen Tiger verspeise, ein neuer Flecken auf meinem Fell dazukommt. Sieh mal, mein Kleid ist schon ganz übersät von all den hübschen Tupfen. Ich kann sie gar nicht mehr zählen. Versuch doch mal, ob du sie zählen kannst ..."
Der Tiger versuchte es nicht. Er drehte dem Hirschlein den Rücken zu und lief, so schnell er nur konnte, davon.
Da kam ihm der Fuchs entgegen und fragte: „He, Tiger, was rennst du so?"
Der Tiger blickte sich ängstlich um. Erst als er sah, dass ihm niemand folgte, erzählte er, was ihm begegnet war. Der Fuchs aber lachte ihn aus. „Dein schreckliches Tier war niemand anders als der kleine Hirsch! Er hat dich ausgetrickst! Komm, nimm mich auf deinen Rücken. Wir gehen zusammen hin und du wirst sehen, wie recht ich habe."
Als der kleine Hirsch den Tiger mit dem Fuchs erblickte, da dachte er:
„Der Fuchs hat geplaudert und dem Tiger verraten, wer ich bin. Jetzt wollen sie mich holen!" Wie das Hirschlein sich fürchtete! Doch es bezwang seine Angst.
„Guten Tag, Bruder Fuchs", rief es laut. „Ich freue mich, dass du dein Wort hältst. Erst gestern hast du versprochen, mir einen Tiger zu fangen, und nun bringst du mir diesen großen. Komm her, mein Lieber, komm. Wir wollen uns den Braten schmecken lassen!"
„So ist das!", brüllte der Tiger. Er zögerte keinen Augenblick und rannte mit dem Fuchs auf seinem Rücken davon.

Herkunft unbekannt

11

Impulse

▶ Die Kinder werden ihren Spaß bei dieser Geschichte haben und dürfen sich nun ihrerseits ganz „starke" Drohungen ausdenken: „Was hättest du zum Tiger gesagt, um ihn zu vertreiben?" Es tut gut, auch einmal „schlimme" Worte sagen zu dürfen!

▶ Tiger verjagen: Im Kreis stehen, sich bei den Händen nehmen (das ist gut gegen Angst) und die stärksten Drohungen noch einmal ganz laut im Chor rufen – dann läuft der Tiger ganz bestimmt davon!

▶ „Wisst ihr, wie Hirsch und Tiger aussehen?" Bilder zeigen, darüber sprechen.

▶ Das kleine Hirschlein mit Wasserfarben und einem dicken Pinsel malen und seine schönen weißen Flecken mit Watte aufkleben. Den jüngsten Kindern einfache Vorlagen zum Ausmalen zur Verfügung stellen.

Die kleine Maus

Vorlesedauer:	4 Minuten
Thema:	**Wer ist der Stärkste?** Eine wichtige Frage, die alle Kinder beschäftigt.
Inhalt:	Die kleine Maus legt sich in die Sonne und diese verbrennt ihr das Bäuchlein. Voller Zorn springt sie auf und stellt die Sonne zur Rede: „Warum hast du mir den Bauch verbrannt?" – „Weil ich stark bin! Ich kann alles Lebendige verbrennen!" antwortet die Sonne. Damit gibt sich das Mäuschen nicht zufrieden, denn schließlich wird die Sonne auch mal von der Wolke verdeckt – ist die also noch stärker? So wandert die kleine Maus weiter zur Wolke, zum Wind, zum großen Felsen und zum Wasser. Jeder hält sich für ungeheuer stark – und doch müssen alle zugeben, dass ein anderer noch viel stärker ist. Am Ende gelangt das kritische Mäuschen zum Feuer und erfährt, wer tatsächlich der Stärkste ist: Das Feuer – es verbrennt ihm auch noch die Pfoten, also glaubt es ihm.

Es lebte einmal eine kleine Maus. An einem Sommernachmittag kroch sie aus ihrem Loch heraus und legte sich in die Sonne. Sie wollte sich den Bauch wärmen lassen.

Wie sie so dalag und sich sonnte, fing ihr Bäuchlein plötzlich an zu brennen. Da wurde das Mäuschen sehr wütend, es sprang sogleich auf, um die Sonne zur Rede zu stellen.

„Du, Sonne, warum hast du mir den Bauch verbrannt?", rief es zur Sonne hinauf.

„Weil ich stark bin! Ich kann alles Lebendige verbrennen", antwortete ihm die Sonne.

„Wenn du so stark bist, warum verdeckt dich dann die Wolke?"

„Darum, weil ich zwar stark bin, die Wolke aber noch stärker ist als ich", erwiderte die Sonne.

Die kleine Maus lief zur Wolke hin und fragte sie: „Wolke, bist du wirklich stark?"

„Und ob ich stark bin! Ich mache den Regen!"

„Ja, aber warum zerrt dich dann der Wind hin und her?"

„Darum, weil ich zwar stark bin, aber der Wind noch stärker ist als ich", so sprach die Wolke zu der kleinen Maus. Die aber lief geschwind zur Nordwindfrau und fragte sie:

„Windfrau, wenn du wirklich stark bist, so hebe mir den großen Felsenberg hoch!"

„Der große Felsenberg ist sehr schwer. Er ist noch stärker als ich!" entgegnete die Nordwindfrau der kleinen Maus. Die kleine Maus aber lief zum großen Felsenberg hinunter und fragte ihn: „Großer Felsenberg, bist du wirklich stark?"

„O ja, ich bin sehr stark!"

„Wenn du aber so sehr, sehr stark bist, warum wäscht dir dann das Wasser Löcher aus?"

„Weil das Wasser noch stärker ist als ich!", antwortete der große Felsenberg.

Da wandte sich die kleine Maus dem Wasser zu und fragte es:

„Wasser, bist du wirklich stark?"

„Und wie stark! Nur ich allein bin wirklich stark",

sagte das Wasser zum Mäuschen. Wenn du wirklich stark bist, warum macht dich dann das Feuer zu Dampf?"

„Weil das Feuer noch stärker ist als ich!" Da lief das Mäuschen zum Feuer hin und fragte es: „Feuer, bist du wirklich stark?"

„Stark? Ich bin am allerstärksten!", antwortete das Feuer der Maus, loderte hoch auf und verbrannte dem Mäuschen die Pfoten.

Jetzt spürte es das Mäuschen: Das Feuer ist am allerstärksten! Und es hörte auf zu fragen.

Sibirisches Märchen

Impulse

▶ Kennen die Kinder überhaupt noch Feuer? Vielen wird es vielleicht nur als kleines Kerzenflämmchen bekannt sein. Feuer ist faszinierend schön, es wärmt, aber es kann auch sehr gefährlich sein. „Mit Feuer spielt man nicht!"

▶ Idealerweise erzählen wir dieses Märchen an einem Feuerplatz: Entweder um ein kleines „Lagerfeuer" im Garten oder an einem Kamin oder Ofen, bei dem man die Flammen sehen und die Hitze spüren kann.

Die Äffchen

Vorlesedauer:	3 Minuten
Thema:	**Nur wer sich einsetzt, erreicht seine Ziele.** Wenn ich etwas haben will, muss ich auch etwas dafür tun.
Inhalt:	Im Urwald regnet es jede Nacht. Die kleinen Äffchen sitzen auf den Palmblättern, jammern und frieren. Deshalb beschließen sie, am nächsten Tag ein Haus zu bauen. Doch am nächsten Morgen scheint die Sonne und es ist viel schöner zu spielen und zu essen, so vergessen sie ihr Vorhaben. In der Nacht aber regnet es wieder, sie frieren und nehmen sich erneut vor, am anderen Tag ein Haus bauen. Doch daraus wird nie etwas, denn so machen sie es alle Tage.

„Habt Ihr im Tierpark schon einmal die Äffchen gesehen? – Auch die Kleinen, die mit den schwarzen Schnäuzchen? – Viele von ihnen wohnen im Urwald und von denen will ich euch heute erzählen:"

Die Äffchen, die kleinen mit den schwarzen Schnäuzchen, die sitzen nachts zusammengekuschelt auf den Blättern der Palmen und schlafen.
Wenn es regnet, frieren sie, und die Affenkinder schreien und wimmern vor Kälte. Und die Affenmütter, die weinen auch.
Dann sagen die Affenväter: „Morgen wollen wir uns ein Haus bauen!"
Und alle rufen: „Ja, morgen!"
Am Morgen aber scheint die Sonne und es ist warm.

Dann fragen die Affenväter: „Wollen wir jetzt unser Haus bauen?"
Das eine antwortet: „Ich will erst noch essen!" Das andere sagt: „Ich auch."
Schließlich essen sie den ganzen Tag und denken nicht mehr an das Haus.
In der Nacht aber, wenn es regnet und sie frieren, dann fällt es ihnen wieder ein,
und sie sagen: „Morgen müssen wir aber ganz bestimmt unser Haus bauen!"
Ja – so machen sie es alle Tage und ein Haus haben sie sich noch immer nicht
gebaut.

Indianisches Märchen

Impulse

▶ Mit Hilfe von Bildern/Bilderbüchern vom
Urwald erzählen, in dem die Äffchen zu
Hause sind. Was werden sie wohl gerne
essen?

▶ Es macht großen Spaß, dieses
Märchen nachspielen zu lassen,
idealerweise in einem Turn-
raum, wo die Kinder dann an
Klettergerüsten, Leitern etc.
wie die Äffchen hochklettern
können.

▶ Für den großen Affen-Hunger gibt
es natürlich Bananen!

Die Glühwürmchen

Vorlesedauer:	3 Minuten
Thema:	**Undankbarkeit bringt kein Glück.** Besonders eindrucksvoll im Juni zu erzählen, wenn die Glühwürmchen fliegen.
Inhalt:	Eine Prinzessin will heiraten und ihre Schneiderinnen nähen Tag und Nacht am Hochzeitskleid. Aber das Öl in den Lampen geht aus – wie sollen sie nun fertig werden? Da erscheint eine rettende Fee und schickt ihre Töchter, die Glühwürmchen, zu Hilfe. Sie erleuchten die Stube und das Brautkleid kann rechtzeitig fertig genäht werden. Als Gegenleistung verlangt die Fee, dass ihre Glühwürmchen zur Hochzeit eingeladen werden, und verspricht, sie würden um Krone und Schleier der Braut einen leuchtenden Kranz bilden. Die Braut freut sich darüber, doch der Bräutigam verjagt die Glühwürmchen. Zur Strafe leuchten die Glühwürmchen seither nicht mehr gleichmäßig, sondern nur noch ab und zu, sodass eine Handarbeit in ihrem Schein nicht mehr möglich ist.

Es war einmal eine Prinzessin, die wollte heiraten. Also kamen Schneiderinnen in das Schloss, um ihr ein Brautkleid zu nähen. Es sollte wunderschön werden. Sie nähten bei Tag im Sonnenlicht und sie nähten am Abend beim Schein einer Öllampe.

Aber eines Abends ging das Öl ging langsam zur Neige. Wie sollte nun das Brautkleid pünktlich fertig werden?

Da erschien eine Fee und fragte: „Braucht ihr Hilfe?" „Ja, ja, ja!", riefen die Schneiderinnen.

„Gut, dann will ich alle meine Töchter rufen, damit sie euch helfen!"

Die Fee klatschte in die Hände und plötzlich waren tausende von Glühwürmchen in der Stube und verteilten sich ringsum an den Wänden.

Ihr müsst wissen, damals trugen die Glühwürmchen noch zwei Lichter an ihrem Körper: Eines oben und eines unten – das leuchtete und funkelte, dass es eine Freude war.

Nun hatten die Schneiderinnen genug Licht, um das Kleid der Prinzessin fertig zu nähen.

Die Fee aber sagte: „Ich habe euch meine Töchter, die Glühwürmchen ausgeliehen. Dafür müsst ihr uns zum Hochzeitsfest einladen. Meine Glühwürmchen werden um die Krone und den Schleier der Braut einen leuchtenden Kranz bilden."
Am Hochzeitstag erschienen wirklich wieder die Glühwürmchen. Als sie sich auf die Krone und den Schleier der Braut setzten, sagte diese glücklich: „Ja, ja, kommt nur!"
Der Bräutigam aber wollte nichts davon wissen und jagte die Glühwürmchen weg.
Da wurde die Fee sehr zornig und sprach: „Euch werde ich nicht mehr helfen!"
Seit diesem Tag tragen die Glühwürmchen das Licht nicht mehr wie zu alten Zeiten. Sie lassen ihr Lämpchen nur noch ab und zu aufleuchten, sodass die armen Schneiderinnen nichts mehr zustandebringen, wenn ihnen das Öl in der Lampe ausgeht.

Märchen aus dem Tessin

Impulse

▶ Die Eltern bitten, an einem schönen Abend im Frühsommer mit den (größeren) Kindern im Freien die Nacht abzuwarten. Um diese Zeit kann man häufig die kleinen Lichtchen der Glühwürmchen beobachten, die sich feenhaft schwebend durch den Garten (über die Wiese) bewegen.

▶ „Wer hat denn schon einmal ein Glühwürmchen gesehen?"
Bilder (z. B. aus dem Internet) mitbringen und den Kindern zeigen.

▶ Jedes Kind darf aus Legematerial die Krone der Prinzessin gestalten und kleine, leuchtende Steinchen als „Glühwürmchenkranz" herumlegen.

Der Kobold und die Ameise

Vorlesedauer:	4 Minuten
Thema:	**Die Kleinsten sind oft die Schlauesten.**
Inhalt:	Ein böser Kobold hält die Fuchshöhle besetzt und will sie nicht mehr verlassen. Der Fuchs bittet zuerst den großen Bären und dann auch noch den klugen Wolf um Hilfe – aber der Kobold vertreibt auch sie mit seinem wüsten Geschrei. Zuletzt kommt dem Fuchs eine kleine Ameise zu Hilfe – ihr gelingt es ganz mühelos, den Eindringling in die Flucht zu schlagen.

Der Fuchs ist einmal von einem Spaziergang heimgekommen. Er will grad in seine Höhle schlüpfen, da sieht er: Ein Kobold sitzt darin und will ihn nicht hineinlassen!

Da ist der Fuchs sehr erschrocken und zu seinem Freund, dem großen Bären gegangen und hat gejammert: „Ach, lieber Herr Bär, in meiner Höhle sitzt ein Kobold, der lässt mich nicht hinein. Hilf mir doch, ihn zu vertreiben." Der große Bär tröstet den Fuchs und geht mit ihm zur Fuchshöhle – trap – trap – trap.

Kaum kommen sie in die Nähe, da hören sie auch schon den bösen Kobold brüllen: „Macht, dass ihr fortkommt, sonst fresse ich euch mit Haut und Haar!" Da ist der Bär wieder heimgegangen – trap, trap, trap, trap.

Wer könnte ihm sonst noch helfen? Der Wolf. Der wird den Kobold vertreiben! Also geht das arme Füchslein zum Wolf. Der kluge Wolf will dem Fuchs auch gerne helfen und zieht los. Als sie aber zum Fuchsloch kommen, schreit der Kobold

wieder: „Schert euch fort, oder ich fresse euch auf!" Und da ist auch der Wolf davongelaufen – tap tap – tap tap.

Zum großen Glück ist noch ein Tier dem Fuchs zu Hilfe gekommen – ein ganz kleines, eine Ameise. Die ist leise, ganz leise, ohne dass es der Kobold bemerkt hat, zum Fuchsloch hineingeschlüpft und hat angefangen, den Kobold zu zwicken und zu zwacken und zu kitzeln, da konnte er gar nicht mehr stille sitzen.

Am Schluss hat er es nicht mehr ausgehalten, ist aufgesprungen und auf und davongelaufen!

Jetzt ist der Fuchs wieder in seine Höhle eingezogen und war sehr froh!

Märchen aus den Alpen

Impulse

▶ Dieses Märchen lädt zum Rollenspiel ein – es können natürlich alle Rollen mehrfach besetzt werden oder auch noch andere Tiere dazukommen.
Genügend Raum und Zeit einplanen, denn es wird bestimmt laut und lustig zugehen.

▶ Mit Knetmasse eine Fuchshöhle, den Kobold und die Tiere gestalten und dabei erzählen lassen, was die Kinder bewegt hat.

Die Katzenkönigin

Vorlesedauer:	3 Minuten
Thema:	**Der Fantasie sind keine Grenzen gesetzt.**
Inhalt	Eine ganz gewöhnliche Katze mit braunem Fell springt zum Regenbogen hinauf. Sie berührt ihn und ihr Fell nimmt alle Farben des Regenbogens an. Als sie damit auf die Erde zurückkommt, müssen alle anderen Katzen bei ihrem Anblick sehr lachen – und wählen sie zur Katzenkönigin.

Es war einmal eine Katze.
Eine ganz gewöhnliche Katze mit braunem Fell.
Eines Tages stand ein großer, farbiger Regenbogen über dem Himmel.
Der gefiel ihr so gut, dass sie mit einem Satz zum Himmel hinaufsprang und den Regenbogen berührte.
Und stellt euch nur vor! Als die Katze wieder auf der Erde landete, da war ihr Fell türkis, lila, grün, orange, gelb, rot und weiß!
Darüber freute sie sich sehr. Sie spazierte durch das Katzendorf und alle Katzen steckten ihre Köpfe aus den Fens-

tern und freuten sich mit ihr. Sie riefen: „Du sollst unsere Katzenkönigin sein!"
und lachten.
Horch nur genau hin, dann hörst du sie noch immer lachen!

Veronika (8 Jahre)

Impulse

▶ Jedes Kind darf mit Fingerfarben einen Regenbogen malen.
▶ Die älteren Kinder mögen vielleicht lieber eine bunte Regenbogenkatze malen.

Der Löwe und die Maus

Vorlesedauer:	3 Minuten
Thema:	**Jeder hat Fähigkeiten, man kann sich gegenseitig helfen.** Auch der Stärkste braucht manchmal Hilfe und sollte nicht hochmütig sein – und auch die Kleinsten können Helfer sein.
Inhalt:	Der starke Löwe will eine kleine Maus fressen – die aber verspricht ihm ihre Hilfe, wenn er sie laufen lässt. Der Löwe findet das eigentlich lächerlich, aber lässt sie schließlich doch laufen. Als er in die Fallstricke eines Jägers gerät, erscheint die Maus, nagt die Stricke durch und befreit ihn. Gemeinsam laufen sie auf einen hohen Berg und freuen sich des Lebens.

Es war einmal ein Löwe, der war sehr, sehr hungrig. Da sprang eine Maus auf seinen Weg. Gleich wollte er sie fangen und fressen. Aber die Maus sagte: „Oh, mein Herr Löwe, wenn du mich frisst, wirst du nicht satt werden, ich bin ja so klein. Wenn du mich aber laufen lässt, dann werde ich dir auch einmal helfen!"

Der Löwe lachte und fragte: „Wann könntest du kleine Maus mir schon helfen? Ich brauche keine Hilfe, denn ich bin der Stärkste auf der ganzen Erde. Wer sollte mir schon etwas anhaben können?"

Die Maus aber versprach es noch einmal: „Wenn du einmal in Gefahr bist, so komme ich und helfe dir!"

Der Löwe überlegte: „Wenn ich die Maus fresse, werde ich nicht satt werden, sie ist viel zu klein." Also ließ er die Maus laufen.

Nicht lange darauf geschah es aber, dass der Löwe in eine Falle geriet. Die hatte ein Jäger ausgehoben. Er konnte aus dem tiefen Loch nicht herauskommen und lag traurig in seinen Fesseln.

Mitten in der Nacht tauchte plötzlich die kleine Maus auf, die er freigelassen hatte.

Sie sprach: „Erkennst du mich? Ich bin die kleine Maus, der du das Leben geschenkt hast. Ich bin gekommen, um dich zu retten."

Wie war da der Löwe froh!

Die Maus setzte ihre Zähnchen an die Stricke, die den Löwen fesselten, und nagte und nagte, bis die Stricke rissen. Dann kroch sie in die Mähne des Löwen und er sprang mit ihm aus dem Loch hinaus und sie rannten sogleich auf den höchsten Berg hinauf.

Hier saßen sie nun miteinander und freuten sich des Lebens.

Die kleine Maus, die so schwach war, hatte doch dem großen starken Löwen etwas Gutes tun können.

Märchen aus Afrika (nach einer Fabel von Äsop)

Impulse

▶ „Hast du schon einmal jemandem helfen können?"

▶ Wir betrachten mit den Kindern Bilder vom Löwen (und von der afrikanischen Landschaft, in der er lebt) und von der Maus.

▶ Schwammdruck als Einzel- oder Gruppenarbeit.
Material: Papier, Wasserfarben, Pinsel, kleine Schwämmchen.
Die Kinder gestalten mit den Schwämmchen eine Landschaft, in der sie sich den Löwen vorstellen. Mit dem Pinsel können dann Löwe und Maus hineingezeichnet werden.

Die Reise des Entleins

Vorlesedauer:	4 Minuten
Thema:	**Reimgeschichte zum Spaßhaben** Eine lustige Reimgeschichte ohne große Bedeutung. Vielleicht nur so viel: Wer sich ins tiefe Wasser wagt, sollte schwimmen können.
Inhalt:	Entlein und Fröschlein wollen eine Reise machen. Mühlstein und glühende Kohle schließen sich an und so geht es lustig in die Welt hinaus und auch durch einen Fluss. Als Entlein mittendrin nach einem Fisch taucht, geht Mühlstein unter, Kohle verlöscht und wird ins Meer hinausgetrieben. Entlein und Fröschlein aber können schwimmen und lachen bis zum heutigen Tag darüber.

D as Entlein Schnatterlein watschelte fort und wollte eine Reise machen. Da begegnete ihm das Fröschlein Hutzelbein und sprach:

„Wohin, Schnatterlein?"
„In die Welt hinein!",
sagte das Schnatterentelein.
„Darf ich mit, Schnatterlein?",
fragte Hutzelbein.
„Sitz auf mein Schwänzelein!",
sprach das Schnatterentelein.

Da setzte Hutzelbein sich auf das Schwänzelein und nun zogen beide fort.
Da kam der dicke Mühlenstein und sprach:

> „Wohin, Schnatterlein?"
> „In die Welt hinein!",
> sprachen Entlein und Hutzelbein.
> „Darf ich mit, Schnatterentelein und Hutzelbein?",
> fragte der dicke Mühlenstein.
> „Sitz auf mein Schwänzelein!",
> sprach Hutzelbein.

Der dicke Mühlenstein setzte sich auf das Schwänzelein und so ging's langsam fort.
Da kam die glühende Kohle mit den roten Backen und sprach:

„Wohin, Schnatterentelein, Hutzelbein und dicker Mühlenstein?"
„In die Welt hinein!",
sprachen Entelein, Hutzelbein und der dicke Mühlenstein.
„Darf ich mit, Schnatterentelein, Hutzelbein und dicker Mühlenstein?",
fragte das rote Kohlelein.
„Sitz auf das Schwänzelein!",
sprach der dicke Mühlenstein.

Da setzte sich die Kohle mit den roten Backen auf und war sehr lustig und froh, dass sie die Welt sehen sollte. So zogen sie weiter fort und kamen an den Fluss. Das Entelein schwamm hinein und als es in der Mitte war, sprach es: „Nun haltet euch fest, ich will einmal tauchen und mir ein Fischlein schnappen!"
O weh, da war's um den dicken Mühlenstein und die rote, glühende Kohle geschehen. Sie stürzten hinab ins Wasser, der Mühlstein landete auf dem Grund und wurde nicht mehr gesehen. Die Kohle blieb zwar oben, aber sie verlor gleich ihre roten Backen und wurde schwarz und das Wasser trug sie ins Meer.
Nur das Schnatterentelein und Hutzelbein blieben froh und munter, weil sie schwimmen konnten. Sie lachten sich die Bäuche voll und lachen bis an den heutigen Tag. Ihr wisst jetzt, warum.
Die Leute aber, die diese Geschichte nicht kennen, sagen nur: „Sie schnattern und quaken!"

Märchen aus Deutschland

Impulse

▶ Ente und Frosch kennen kleine Kinder vermutlich zumindest aus Bilderbüchern. Ein „Mühlenstein" wäre auch als großer Stein vorstellbar – Kohlen sind ihnen jedoch heutzutage weitgehend unbekannt. Solche zu besorgen, in einer Eisenpfanne (Grillrost) anzünden, riechen, die Hitze spüren und sie schließlich mit Wasser zischend verlöschen sehen, das ist ein echtes Erlebnis für Kinder.

▶ Die lautmalerischen Namen laden zum Mitsprechen ein.

Die Büffelkuh und das Fischlein

Vorlesedauer:	3 Minuten
Thema:	**Wehrhaftigkeit und Allmachtsfantasien** Auch die Kleinen müssen sich nicht alles gefallen lassen. Das Märchen fordert dazu auf, Gefühle nicht unter den Teppich zu kehren, sondern Allmachts- und Größenwünsche, die alle kleinen Kinder schon kennen, in der Fantasie auszuleben.
Inhalt:	Die große Büffelkuh säuft derartig viel, dass dem kleinen Fischlein bald gar kein Wasser mehr im Bächlein bleibt. Da fordert es die Büffelkuh auf aufzuhören und droht ihr Schlimmes an. Aber diese verspottet es nur und säuft unbeeindruckt weiter. Da wird das Fischlein sehr, sehr zornig und verschlingt mit einemmal das ganze große Tier.

Einmal ist eine große, große Büffelkuh an ein kleines Bächlein gekommen, um zu trinken. Sie hatte einen ungeheuren Durst und soff ohne Aufhören. In dem Bächlein aber wohnte ein winzig kleines Fischlein. Das war immer lustig, hüpfte und sprang und spielte mit den Steinchen, die so schön glitzerten. Es fürchtete nun, die Büffelkuh werde ihm alles Wasser wegsaufen und rief ihr zu: „Warum säufst du so viel? Soll mein Bächlein austrocknen und ich darin sterben? Höre auf, sonst komme ich über dich!"

Aber die Büffelkuh spottete nur und brummte: „Boah! Du kleiner Schnurz, ich werde mich gleich vor dir fürchten! Pass nur auf, dass ich dich nicht verschlinge!" Und soff fort und fort, bis kein Wasser mehr im Bächlein war.

Da wurde das Fischlein sehr, sehr zornig, sprang heraus und verschlang mit einem Haps das ganze große Tier!

Nicht wahr, es geschah der Büffelkuh recht? Warum hat sie dem armen Fischlein alles Wasser weggesoffen und es dazu auch noch verspottet?

Märchen aus Siebenbürgen

Impulse

▶ „Warst du schon einmal sehr, sehr zornig, weil dir ein Großer etwas weggenommen oder dich ausgelacht hat? Magst du davon erzählen?"

▶ **Einfachstes Figurentheater**
   Jedes Kind malt „sein" Fischlein, es wird ausgeschnitten und mit einem kurzen Haltestab auf Karton geklebt. Ebenso eine große Büffelkuh (evtl. von Erwachsenen gemalt) vorbereiten. Danach spielen die Kinder das Märchen mit diesen Stabpuppen in ihren eigenen Worten nach so oft und so lange sie dies möchten.

Der kleine Igel

Vorlesedauer:	3 Minuten
Thema:	**Die wunderbare Traumreise eines kleinen Igels**
Inhalt:	Ein hungriger kleiner Igel stöbert im Laub einen Leckerbissen auf und will ihn essen. Aber der Leckerbissen hat Beine und kann viel schneller laufen als der kleine Igel. Der wird schließlich so müde, dass er ins Laub fällt und einschläft. Da erscheinen drei Feen, schütteln Goldstaub über ihn, legen ihn in ihren Himmelswagen und tragen ihn durch die Lüfte davon, an einen sicheren Ort, wo er so viele Leckerbissen bekommt, wie er sich nur wünschen kann.

Es war einmal ein kleiner Igel, der wohnte im Wald und schnupperte zwischen den Blättern herum.

Auf einmal stieg ein feiner Geruch in seine Nase. Er roch einen Leckerbissen. Und weil er sehr hungrig war, wollte er ihn gleich fressen! Aber der Leckerbissen – *wer war das wohl?* – lief davon. Der Igel trippelte hinterher, aber der Leckerbissen lief immer schneller. Da rannte der Igel noch schneller, aber er konnte den Leckerbissen nicht einholen. Schließlich gab der Igel auf. Er war so müde geworden, dass er ins trockene Laub fiel und sofort einschlief.

Nach wenigen Minuten erschienen drei wunderschöne Feen aus dem Märchenland. Sie lachten leise und schüttelten goldenen Mondstaub über den Igel. Auch ihren Himmelswagen hatten sie dabei. Vorsichtig legten sie ihn da hinein und trugen ihn durch die Lüfte davon.

Als der kleine Igel aufwachte, war er an einem sicheren Ort und bekam alle Leckerbissen, die er sich nur wünschte.

Er war glücklich und froh. Und wenn er nicht gestorben ist, dann lebt er dort noch heute.

Marinus (9 Jahre)

Impulse

▶ „Was sind deine liebsten Leckerbissen?"

▶ Jedes Kind darf mit Wasserfarben einen Igel malen. Danach bekommt es etwas Goldstaub oder Glimmer (aus dem Bastelladen) in die Hand, die es über sein noch feuchtes Bild streuen kann.

Vom Kätzchen und vom Mäuschen

Vorlesedauer:	5 Minuten
Thema:	**Mit Geduld und Beharrlichkeit erreicht man viel.**
Inhalt:	Ein klassisches Kettenmärchen: Kätzchen hat dem Mäuschen das Schwänzchen abgebissen und will es ihm nur wiedergeben, wenn es Milch von der Kuh bringt. Die Kuh will aber Heu dafür, schickt es zum Bauern, der Bauer zum Fleischer, der Fleischer zum Bäcker. Dann, endlich, endlich kann es allen das Gewünschte bringen und erhält sein Schwänzchen zurück.

Es waren einmal ein Kätzchen und ein Mäuschen, die lebten miteinander. Aber eines Tages bekamen sie Streit – und da hat das Kätzchen dem Mäuschen das Schwänzchen abgebissen.

Da jammerte das Mäuschen: „Bitte, liebes Kätzchen, gib mir doch mein Schwänzchen wieder!"

Aber das Kätzchen sprach: „Nein, du kleine Maus, ich will dir dein Schwänzchen nicht wieder geben. Erst musst du zur Kuh gehen und mir Milch bringen."

Da hüpft das Mäuschen und springt und läuft zur Kuh. Stellt sich auf seine Hinterpfötchen, macht sich groß und sagt: „Bitte, liebe Kuh, kannst du mir vielleicht Milch geben, dass ich die Milch dem Kätzchen geben kann, dass mir das Kätzchen mein Schwänzchen wiedergibt?"

Aber die Kuh sagt: „Nein, du kleine Maus, ich will dir keine Milch geben. Erst musst du zum Bauern gehen und mir Heu bringen."

Da hüpft das Mäuschen und springt und läuft, stellt sich auf seine Hinterpfötchen, macht sich groß und sagt: „Bitte, lieber Bauer, kannst du mir vielleicht Heu geben, dass ich das Heu der Kuh geben kann, dass ich die Milch dem Kätzchen geben kann, dass mir das Kätzchen mein Schwänzchen wiedergibt?"

Aber der Bauer sagt: „Nein, du kleine Maus, ich will dir kein Heu geben, erst musst du zum Fleischer gehen und mir Fleisch bringen."

Da hüpft das Mäuschen und springt und läuft, stellt sich auf seine Hinterpfötchen, macht sich groß und sagt: „Bitte, lieber Fleischer, kannst du mir vielleicht Fleisch geben, dass ich das Fleisch dem Bauern geben kann, dass ich das Heu der Kuh geben kann, dass ich die Milch dem Kätzchen geben kann, dass mir das Kätzchen mein Schwänzchen wieder gibt?"

Aber der Fleischer sagt: „Nein, du kleine Maus, ich will dir kein Fleisch geben, erst musst du zum Bäcker gehen und mir Brot bringen."

Da hüpft das Mäuschen und springt und läuft, stellt sich auf seine Hinterpfötchen, macht sich groß und sagt: „Bitte, lieber Bäcker, kannst du mir vielleicht Brot geben, dass ich das Brot dem Fleischer geben kann, dass ich das Fleisch dem Bauern geben kann, dass ich das Heu der Kuh geben kann, dass ich die Milch dem Kätzchen geben kann, dass mir das Kätzchen mein Schwänzchen wiedergibt?"

Der Bäcker war ein guter Mann. Der sagte: „Ja, du kleine Maus, ich will dir Brot geben, aber du darfst mir nicht mehr an meinem Mehl naschen."

Und da gibt der Bäcker dem Mäuschen das Brot, das bringt's zum Fleischer, der gibt

35

ihm Fleisch, das bringt's dem Bauern, der gibt ihm das Heu, das bringt's der Kuh, die gibt ihm die Milch, die bringt's dem Kätzchen.
Da hat das Kätzchen dem Mäuschen sein Schwänzchen wiedergegeben, da war das Mäuschen froh!

Herkunft unbekannt

Impulse

▶ Die Kinder werden die Wiederholungen bald mitsprechen wollen.

▶ Alle Kinder dürfen mitspielen und können sich noch andere Aufgaben für das Mäuschen ausdenken.

▶ Es war mal eine kleine Maus,
   die lief aus ihrem Haus heraus
   und knabberte am Speck –
   da kam die Katz' und fing sie weg.
   Volksgut

   Die „Maus" läuft über den Arm, den Bauch usw. An einer bestimmten Stelle beginnt sie zu knabbern und zu kitzeln. Aber – schwuppdiwupp – da kommt eine „Katze" (die andere Hand) und fängt sie weg.

▶ Schnurre, Katze!
   Leise Tatze,
   kratze, kratze,
   kleine Katze.
   Mit der Schnauze,
   da miaut se.
   Volksgut

   Dieses Katzen-Tatzen-Gedicht lädt ein, es zu zweit (Erwachsener und Kind) zu spielen: Schnurren, sich gegenseitig mit den „Pfoten" streicheln, sanftes Kratzen, Anstupsen mit der „Schnauze" – und zum Schluss ein Miau-Konzert von laut bis leise.

Von der Gans, die tanzen wollte

Vorlesedauer:	4 Minuten
Thema:	**In schwierigen Situationen helfen Mut und Fantasie.** Wer mutig und fantasievoll ist, findet immer einen Ausweg.
Inhalt:	Der Fuchs hat eine Gans gestohlen und will sie fressen. Die Gans bringt ihn soweit, dass er ihr einen letzten Wunsch erfüllt: Sie will noch einmal tanzen vor ihrem Tod – mit ihm. Schlau wie sie ist, lehrt sie ihn nicht nur tanzen, sondern auch dazu zu singen. Doch in dem Augenblick, als er sein Maul aufreißt, fliegt die Gans davon und er hat das Nachsehen.

Der Fuchs hat eine Gans gestohlen. Jetzt möchte er sie in aller Ruhe fressen. Wie er ihr aber den Hals umdrehen will, da fragt die Gans ganz höflich:
„Ach, Herr Fuchs, ach, Herr Fuchs, wollt ihr mich wirklich gleich verspeisen?"
„Was anderes bist du nicht wert, dumme Gans", sagt der Fuchs.
„Ach, Herr Fuchs, ach, Herr Fuchs, hat nicht jeder, der sterben soll, eine Bitte frei?"
„Nun gut, sag deinen letzten Wunsch. Aber wünsche rasch, ich habe Hunger!"
„Ach, Herr Fuchs, einen Wunsch, einen letzten Wunsch, den habe ich schon. Vor meinem Ende möchte ich noch einmal tanzen. Tanzen mit euch, Herr Fuchs."
„Ich kann nicht tanzen, du dumme Gans!"

„Ach, Herr Fuchs, ach, Herr Fuchs, es ist gar nicht schwer. Haltet mich nur mit euren Zähnen an einem Flügel fest, dann drehen wir uns im Kreis, einmal, zweimal, dreimal. Und wenn ich dann rufe: ‚Kiejack! Kiejack!‘, so ruft ihr ‚Hopsassa!‘"
Nun ja, der Fuchs willigt ein und der Tanz beginnt.

Die Gans breitet ihre Flügel aus, der Fuchs beißt in die Flügelspitze, und dann drehen sie sich, einmal, zweimal, dreimal. Dann ruft die Gans: „Kiejack! Kiejack!" Und der Fuchs: „Hopsassa!", und dabei reißt er das Maul auf und seine Zähne gehen auseinander.

Doch darauf hat die Gans ja nur gewartet. Mit einem Flügelschlag ist sie auf und davon.

Der Fuchs schaut ihr nach, bis sie hinten am Himmel verschwunden ist. Und er ärgert sich. O wie er sich ärgert! Dann dreht er sich um, schleicht davon und knurrt: „Mein Wort darauf! Vor dem Essen werde ich nicht mehr tanzen!"

Märchen aus Pommern

Impulse

▶ Diese witzige kleine Geschichte lädt natürlich zum Tanzen ein, frei nach einer beliebigen, flotten Kindertanzmelodie, mit verteilten Rollen und paarweise: die einen sind die Gänschen und rufen während des Tanzes „Kiejack! Kiejack!", die anderen sind Füchse und rufen „Hopsassa!"

▶ Wir singen das alte Kinderlied „Fuchs, du hast die Gans gestohlen".

Der Hase und die durstigen Tiere

Vorlesedauer:	5 Minuten

Thema: **Jeder, auch der Kleinste, kann etwas!**
Wenn jeder etwas beiträgt, wird es für alle gut und schön.
Das Märchen eignet sich besonders gut für heiße, trockene Sommertage.

Inhalt: In der Steppe herrscht große Trockenheit, die Tiere leiden Durst. Da beschließen der Elefant, der Löwe und der Tiger, einen Brunnen zu graben. Auch der kleine Hase hat Durst, aber er sieht bald, dass er zu schwach ist für diese Arbeit und beteiligt sich nicht. Der Tiger sagt ihm, dass er kein Wasser trinken darf, wenn er nicht mithilft. Doch der Hase meint, er würde immer noch genug Wasser für sich finden – aber er hat sich getäuscht und findet keines. Die großen Tiere sind erfolgreich, trinken sich satt und feiern ein Fest. Der kleine Hase kann nur sehnsüchtig zuschauen. Da nimmt er seine Trommel und beginnt zu trommeln und ein Lied vom Brunnenbau zu singen. Dieses Lied gefällt den großen Tieren so gut, dass sie anfangen zu tanzen und zu singen und den kleinen Hasen einladen, dazuzukommen. Von diesem Tag hütet er die Wasserstelle und kann trinken, so viel er will.

Vor langer Zeit herrschte einmal eine große Trockenheit in der Steppe. Es hatte schon lange, lange nicht mehr geregnet und die Tiere waren sehr durstig. Alle Bäche, Flüsse und Quellen waren ausgetrocknet.

Da kamen die Elefanten, die Tiger und die Löwen zusammen und überlegten gemeinsam, was sie tun könnten. Sie überlegten lange. Dann wussten sie es und beschlossen: „Wir wollen uns einen Brunnen graben!"

Gleich machten sie sich an die Arbeit und fingen an zu graben.

Auch der Hase hatte großen Durst. Aber bald sah er, dass er nicht stark genug war, um so tief zu graben wie die anderen Tiere. Der Tiger jedoch sprach: „Wenn du nicht hilfst, darfst du auch kein Wasser trinken!"

Da lachte der Hase und antwortete: „Ich kann immer Wasser finden, ich bin ja nicht so groß und durstig wie ihr Elefanten, Tiger und Löwen."

Nach sieben Tagen hatten die Tiere so tief gegraben, dass sie auf Wasser stießen. Bald sprudelte Wasser hervor und füllte das Loch, mehr und mehr, bis zum Rand. Die Tiere tranken – nur der Hase nicht.

Er suchte überall nach Wasser, doch er fand kein Tröpfchen, um seinen Durst zu stillen. Von Weitem schaute er sehnsüchtig zum Wasserloch. Dort hatten die Tiere beschlossen, ein großes Fest zu feiern. Da nahm der Hase seine Trommel und fing an zu trommeln und zu singen:

> „Peh-peh, pere-pere peh! Nanima!
> Die Tiere sind sich einig geworden –
> Peh-peh, pere-pere peh! Nanima!
> Ein Wasserloch haben sie gegraben –
> Peh-peh, pere-pere peh! Nanima!
> Der Hase möchte auch gern trinken –
> pere-pere peh! Nanima!

Den ganzen Tag sang und trommelte er. Am Abend ging er näher heran und die Tiere wurden neugierig. Die Trommelmusik und der Gesang des Hasen gefielen ihnen sehr. Immer näher kam er und schließlich fingen die Tiere an zu tanzen. Im Chor sangen sie mit:

> „Peh-peh, pere-pere peh! Nanima!
> Die Tiere sind sich einig geworden –
> „Peh-peh, pere-pere peh! Nanima!
> Ein Wasserloch haben sie gegraben –
> „Peh-peh, pere-pere peh! Nanima!
> Komm zu uns, kleiner Hase!
> pere-pere peh! Nanima!

So sangen und tanzten die Tiere bis in die Nacht. Die Musik gefiel ihnen so gut, dass sie den Hasen zum Wächter der Wasserstelle bestimmten. Nun konnte er trinken und seinen Durst stillen, bis sein Bauch so rund war wie seine Trommel.

Märchen aus Afrika (West Guinea)

Impulse

▶ Wir freuen uns mit den Tieren und singen ihr Lied: Die Erzieherin geht singend und trommelnd voraus, die Kinder singen den Reim und klatschen dabei rhythmisch in die Hände:
„Peh-peh, pere-pere peh! Nanima!

▶ Danach trinken wir alle Wasser (frisches, klares Leitungswasser, aus einem großen Glaskrug ausgeschenkt) und freuen uns, weil wir so viel davon haben und es genießen dürfen.

Die drei Böckchen und der Troll

Vorlesedauer:	5 Minuten
Thema:	**Die eigenen Fähigkeiten realistisch einschätzen** Gefahr erkannt, Gefahr gebannt! – Manchmal ist Davonlaufen das Klügste.
Inhalt:	Drei übermütige Böckchen haben alles Gras auf der Wiese abgeweidet. Nun wollen sie auf die Alm hinauf, denn dort gibt es noch Futter genug für sie. Der Weg führt über eine Brücke, darunter haust ein garstiger, gieriger Troll, der alles auffrisst, was ihm in die Quere kommt. Zuerst springt das kleinste Böckchen über die Brücke. Als der Troll ihm droht, es gleich zu verspeisen, da rettet es sich schlau und erzählt ihm: „Ich bin mager und klein, hinter mir kommt ein viel größerer Bock!" und springt schnell davon. Das zweite Böckchen verhält sich ebenso, das dritte Böckchen aber ist stark genug und wirft den bösen Troll mit seinen scharfen Hörnern ins Wasser hinunter, von wo er nicht mehr zurückkehrt.

Es waren einmal drei Böckchen, die waren lustig wie der Brausewind. Deshalb hießen sie auch Böckchen Brüse. Sie sprangen auf der Wiese umher: Tripp, tripp, trippel di tripp-tripp, tripp, trippel di tripp, das war das kleinste Böckchen.

Trapp, trapp, trapp-trapp, trapp, trapp, das war das mittlere Böckchen Brüse, das hatte schon größere Füße. Tropp, tropp-tropp, tropp-tropp, tropp, das war der allergrößte Bock, der hatte schon richtige Hörner.

Als sie alles Gras und auch die Kräuter abgeweidet hatten, riefen sie:

„Wir finden hier kein Futter mehr, uns hungert sehr, uns hungert sehr! Lasst uns auf die Alm hinaufsteigen, da gibt es Gras genug. Dort können wir uns alle satt fressen!"

Auf dem Weg dorthin war ein wilder Fluss, über den führte eine Brücke.

Aber unter dieser Brücke saß ein gieriger, garstiger Troll. Der verschlang alles, was in seine Nähe kam.

Zuerst kam das kleinste Böckchen gesprungen: Tripp, tripp, trippel di tripp-tripp, tripp, trippel di tripp, über die Brück, über die Brück.

Der Troll spitzte die Ohren und rief: „Wer geht da oben über meine Brücke? Wer bist du?"

Das Böckchen antwortete: „Ich bin das Böckchen Brüse. Wir finden hier kein Gräslein mehr, uns hungert sehr, uns hungert sehr. Darum will ich auf die Alm hinauf!"

„Das kannst du dir sparen", rief der Troll. „Ich habe auch Hunger und werde dich gleich verspeisen." „Ach", rief das Böckchen, „das lohnt sich nicht, ich bin mager und klein, hinter mir kommt ein größerer Bock drein."

Da sperrte der Troll sein großes Maul auf vor Staunen.

Bis er es wieder zuklappte, war das kleinste Böckchen, tripp, tripp, trippel di tripp-tripp, tripp, trippel di tripp über die Brück, kehrt nicht zurück.

Und schon hörte der Troll den größeren Bock kommen. Trapp, trapp, trapp-trapp, trapp, trapp, den Berg herab.

Der Troll hob seine Nase in die Luft und schnupperte: „Wer geht da oben über meine Brücke? Wer bist du?" „Ich bin das Böckchen Brüse. Wir finden hier kein Gräslein mehr, uns hungert sehr, uns hungert sehr. Darum will ich auf die Alm hinauf!"

„Was du nicht sagst!", rief der Troll, „mich hungert noch viel mehr, darum will ich dich gleich verspeisen!"

„Ach", rief das Böckchen, „das lohnt sich nicht, ich bin mager und klein, hinter mir kommt ein viel größerer Bock drein!" Da sperrte der Troll sein großes Maul auf vor Staunen.

Bis er es wieder zuklappte, war das mittlere Böckchen trapp, trapp, trapp-trapp, trapp, trapp, über die Brück, kehrt nicht zurück.

Aber nun hörte man schon den ganz großen Bock kommen: Tropp, tropp- tropp, tropp – ich bin der allergrößte Bock – tropp, tropp. Als der Troll die schweren Schritte hörte, freute er sich. „Komm nur", lacht der Troll. „Jetzt habe ich lange genug gewartet, du sollst mir nicht entwischen."

Tropp, tropp-tropp, tropp-tropp, tropp, kommt der Bock.

„Wer geht da über meine Brücke?" schreit der Troll. „Wer bist du?"

„Ich bin das Böckchen Brüse. Wir finden hier kein Futter mehr, uns hungert sehr, uns hungert sehr. Will eilig auf die Alm hinauf, sonst fressen die anderen alles auf!"

„Was du nicht sagst", rief der Troll, „hier bist du am richtigen Ort, nämlich in meinem Bauch!" Und er kommt unter der Brücke hervor und stürzt sich auf den größten Bock.

Aber der hat so herrlich scharfe Hörner, damit packt er den Troll und stößt ihn ins Wasser hinein. Da ist der böse Gierhals fortgeschwommen und nie mehr wiedergekommen.

Das größte Böckchen aber läuft zur Alm hinauf, tropp, tropp-tropp, tropp – ich bin der allerstärkste Bock – tropp, tropp.

Gleich springt das kleinste Böckchen herbei, tripp, tripp, trippel di tripp. Und auch das mittlere Böckchen Brüse kommt herbeigesprungen: trapp, trapp, trapp. Da sind sie wieder alle miteinander vereint und lassen sich's gut schmecken.

Märchen aus Norwegen

Impulse

▶ Wir fassen uns an den Händen, gehen rhythmisch wie die drei Böckchen und sprechen dazu – immer lauter werdend – im Chor:
Tripp, tripp, trippel di tripp – tripp, tripp, trippel di tripp
Trapp, trapp, trapp – trapp, trapp, trapp
Tropp, tropp – tropp, tropp, ich bin der allergrößte Bock!

▶ Vermutlich haben viele Kinder in einem Streichelzoo schon einmal die lustigen kleinen Ziegen gesehen, die übermütig herumspringen. Nun dürfen sie selbst Zicklein sein und jeweils zu zweit „Bockspringen" – die ganz Kleinen können übereinander klettern.

▶ Jedes Kind bekommt einen aufgeblasenen Luftballon und darf darauf die großen Augen und das Maul des garstigen Trolls malen. Anschließend binden wir den Kindern ihre Luftballone an langen Schnüren um den Bauch und nun dürfen sie so wild hüpfen und springen, bis der „böse Troll" platzt.

Wie es Tag und Nacht wurde

Vorlesedauer:	5 Minuten
Thema:	**Wenn man sich einigt, hat jeder etwas davon.** Die Tiere verständigen sich auf eine gerechte Verteilung von Licht und Dunkelheit, so entstehen der Tag und die Nacht.
Inhalt:	Einst herrschte im Indianerland immer nur dunkle Nacht. Die alte Eule mag das gerne. Der Hase aber findet es langweilig und möchte lieber Licht und Sonne. Schließlich wird ein Wettstreit zwischen Hase und Eule vereinbart und alle Vögel und vierbeinigen Tiere sollen darüber entscheiden, wer der Sieger ist. Die Aufgabe besteht darin, dass Hase und Eule jeweils ein Wort – das in der Indianersprache ‚Licht‘ oder ‚Dunkelheit‘ bedeutet – so lange rufen müssen, bis sich einer von ihnen verspricht. Im lauten Durcheinander der Anfeuerungsrufe verhaspelt sich die Eule und ruft versehentlich das falsche Wort. Damit hat der Hase gewonnen und es könnte nun immer hell sein. Doch hat er Mitleid mit der Eule und gibt von der gewonnenen Zeit einen Teil auch für die Dunkelheit ab. Seither gibt es den hellen Tag und die dunkle Nacht.

Vor vielen tausend Jahren war es im Indianerland immer dunkle Nacht.

Einmal wanderte der Hase Wabus durch den Wald. Er musste sehr langsam laufen, denn in der Dunkelheit konnte er nicht gut sehen. Auf seinem Weg kam er an das Ufer eines Flusses. Hier wohnte die alte Eule Totoba auf einem großen, dicken Baum.

Als der Hase die Eule entdeckte, fragte er sie: „Warum magst du es immer so dunkel haben? Ich wünsche mir Licht und Sonne. Es ist doch langweilig, wie du immer im Finstern zu sitzen!"

Da antwortete die Eule: „Ich sehe, du hältst dich für mächtig und klug. Wir wollen unsere Kräfte messen. Wer von uns den Wettstreit gewinnt, mag bestimmen, ob Tag oder Nacht sein soll."

Der Hase war mit dem Vorschlag einverstanden. So wurden alle Vögel und alle Tiere mit vier Beinen eingeladen. Aus allen Richtungen kamen sie herbei. Als die Tiere versammelt waren, erzählten ihnen der Hase Wabus und die Eule Totoba, worum es ging. „Denkt ihr euch einen Wettstreit für uns aus und entscheidet, wer am Ende gewinnen soll."

Die kleinen Meisen und die anderen Singvögel zwitscherten gleich: „Der Hase Wabus soll gewinnen, Wabus soll gewinnen!" Auch das flinke Eichhörnchen wollte keine Nacht haben. Der Maulwurf und der Dachs aber wünschten, dass die Eule Totoba gewinnen sollte. Sie mochten lieber im Dunkeln leben.

„Ruhe!", rief der Fuchs in das Durcheinander. „Wir müssen uns ja erst eine Wette ausdenken!"

Alle dachten darüber nach. Schließlich hatte der schwarze Rabe die beste Idee: „Das Licht heißt in unserer Sprache ‚Wabon'. Der Hase soll immer wieder rasch hintereinander das Wort ‚Wabon' rufen.

Die Nacht hat den Namen ‚Unitipaqkot'. Dieses Wort soll die Eule immer wieder rasch wiederholen. Wer sich aber verspricht, oder das Wort des anderen ruft, der hat verloren."

Ja, diese Wette fanden alle Tiere gut!

Nun klopfte der Specht dreimal laut an einen Baumstamm und der Wettstreit begann:

Der Hase rief ganz schnell „Wabon, Wabon, Wabon …" und alle Tiere, die Licht haben wollten, riefen ihm zu und feuerten ihn an.

Auch die Eule rief, so schnell wie sie nur konnte, ihr Wort: „Unitipaqkot, Unitipaqkot, Unitipaqkot …" und alle Tiere, denen die Dunkelheit lieber war, hielten zur Eule und ermunterten sie.

Es war ein lautes Durcheinander von vielen Stimmen. Aber die Eule, die immer ihre Ruhe gewohnt war, kam bei dem Lärm ganz durcheinander. Schließlich versprach sie sich und rief wie der Hase „Wabon, Wabon".

Also hatte der Hase Wabus gewonnen und bestimmte, dass Licht sein sollte. Weil der Hase aber ein gutes Herz hatte und ihm die Eule Totoba ein wenig Leid tat, teilte er die Zeit mit ihr und sie bekam einen Teil für die Dunkelheit.

Seitdem gibt es bei uns den Tag und die Nacht.

Märchen aus Nordamerika

Impulse

▶ **Sprachspielereien**
Es macht Spaß, die Begriffe „Wabon" und „Unitipaqkot" auszusprechen. Wer mag es versuchen?
Die Kinder können sich auch in zwei Gruppen aufteilen (die schon sprachgewandteren sind die Eulen) und sich die Worte im Chor zurufen.

▶ Was magst du lieber am hellen Tag tun? Und was tust du gerne, wenn es draußen dunkel ist?

▶ Welche Tiere kennst du, die tagsüber schlafen und erst munter werden, wenn es Nacht wird?

Das Rübenziehen

Vorlesedauer:	5 Minuten
Thema:	**Zusammen sind wir stark – und die Kleinsten sind die Wichtigsten!** Ein klassisches „Kettenmärchen", das die Kinder zum eifrigen Mitsprechen animiert. *Ein Herbstmärchen, besonders schön zur Erntezeit.*
Inhalt:	Großväterchen hat Rüben gesät und als sie groß und dick sind, möchte er eine herausziehen. Es gelingt ihm nicht, die Rübe steckt zu fest in der Erde. Nacheinander kommen Großmütterchen, Enkelchen, Hund und Kätzchen dazu – aber erst mit Hilfe des kleinen Mäuschens lässt sich die Rübe endlich herausziehen.

Großväterchen hat Rüben gesät. Die Sonne scheint warm darauf, der Regen hält die Erde feucht, die Rüben wachsen. Sie werden groß, sie werden riesengroß!

Großmütterchen will heute eine leckere Rübensuppe kochen.

Also geht Großväterchen in den Garten und möchte eine Rübe herausziehen.

Er packt sie am Schopf und zieht und zieht und zieht – aber die Rübe geht nicht heraus, sie steckt fest!

Großväterchen ruft Großmütterchen: *„Großmütterchen"* – Großmütterchen fasst Großväterchen um den Bauch, Großväterchen fasst die Rübe, sie ziehen und ziehen – können sie nicht herausziehen, sie steckt fest.

Großmütterchen ruft Enkelchen: *„Enkelchen"* – Enkelchen fasst Großmütterchen um den Bauch, Großmütterchen fasst Großväterchen, Großväterchen fasst die Rübe, sie ziehen und ziehen – können sie nicht herausziehen, sie steckt fest.

Enkelchen ruft Hündchen: *„Hündchen"* – *„wau, wau!"* – Hündchen fasst Enkelchen, Enkelchen fasst Großmütterchen, Großmütterchen fasst Großväterchen, Großväterchen fasst die Rübe, sie ziehen und ziehen – können sie nicht herausziehen, sie steckt fest.

Hündchen ruft Kätzchen: *„Kätzchen"* – *„miau, miau!"* – Kätzchen fasst Hündchen, Hündchen fasst Enkelchen, Enkelchen fasst Großmütterchen, Großmütterchen fasst Großväterchen, Großväterchen fasst die Rübe, sie ziehen und ziehen – können sie nicht herausziehen, sie steckt fest.

Kätzchen ruft Mäuschen: *„Mäuschen"* – *„fiep, fiep"* – Mäuschen fasst Kätzchen, Kätzchen fasst Hündchen, Hündchen fasst Enkelchen, Enkelchen fasst Großmütterchen, Großmütterchen fasst Großväterchen, Großväterchen fasst die Rübe, sie ziehen und ziehen – und schwups, ist die Rübe heraus und das Märchen ist aus.

Märchen aus Russland

Impulse

▶ Die Kinder zum Mitsprechen der Wiederholungen einladen und sie dabei auch zum „Ziehen" animieren.

▶ Das Märchen als Rollenspiel: Es können natürlich alle möglichen anderen Tiere dazukommen, doch das kleine Mäuschen sollte auf jeden Fall den Abschluss bilden.

▶ „Rübenziehen" als Spiel: Alle Kinder sind Rüben, legen sich im Kreis auf den Boden (mit den Köpfen nach innen) und haken sich mit den Armen unter. Die Spielleiterin geht als „Großväterchen" herum und versucht, eine „Rübe" herauszuziehen. Gelingt es, darf dieses Kind als nächstes das Großväterchen sein.

▶ Es gibt die unterschiedlichsten Rüben auf dem Markt. Verschiedene Sorten mitbringen, benennen und daraus ein leckeres Rübengericht bereiten, das anschließend gemeinsam gegessen wird.

Der Kartoffelkönig

Vorlesedauer:	4 Minuten *Ein klassisches Kettenmärchen, das die Kinder zum Mitsprechen animieren wird.*
Thema:	**Das Mitleid des Kartoffelkönigs / Selbstbestimmung** Der Kartoffelkönig will selbst entscheiden, von wem er sich essen lässt.
Inhalt:	Eine große, dicke Kartoffel findet sich selbst so schön, dass sie denkt, sie wäre der Kartoffelkönig. Natürlich will sie sich auf keinen Fall von der Großmutter kochen lassen – und auch dem Igel, dem Wildschwein und dem Hasen rollt der „Kartoffelkönig" davon. Schließlich begegnen ihm zwei hungrige Kinder, die bei seinem Anblick von Kartoffelpuffern träumen. Denen springt er freiwillig in ihr Körbchen und lässt sich von ihrer Mutter zu herrlichen Puffern backen.

Einmal, vor langer Zeit, lebten Großvater und Großmutter in einem alten Haus.

In ihrem Keller stand eine große Kiste voll Kartoffeln. Es waren schöne, dicke Kartoffeln. Aber eine Kartoffel, die war noch viel schöner und größer als alle anderen. Sie war so rund und glatt und schön, dass sie ganz stolz wurde und zu den anderen Kartoffeln sagte: „Ich will euer König sein! Ich bin der Kartoffelkönig!"

Eines Tages möchte die Großmutter Kartoffeln kochen. Sie kommt mit ihrem Körbchen in den Keller. „Oh, was ist das für eine schöne, dicke Kartoffel!", ruft sie aus und legt den Kartoffelkönig in ihr Körbchen.

Der Kartoffelkönig aber will nicht gekocht werden!

Er springt aus dem Körbchen hinaus und rollt wie ein Ball zum Hof hinaus, die Straße hinunter und davon.

Die Großmutter kann nicht so schnell laufen – sie kann ihn nicht mehr fangen, er ist fort!

Nach einer Weile begegnet der Kartoffelkönig dem Igel.

Der Igel ruft: „Warte ein wenig, du große, dicke Kartoffel, ich will dich aufessen!"

„Nein", sagt der Kartoffelkönig. „Die Großmutter hat mich nicht gefangen und du, Igel-Strigel, du kriegst mich auch nicht!"

Und er rollt und rollt die Straße hinunter davon.

Nach einer Weile begegnet ihm ein Wildschwein und sagt: „Halt, dicke Kartoffel, warte ein wenig, ich will dich aufessen!"

„Nein", sagt der Kartoffelkönig. „Wenn mich die Großmutter und der Igel-Strigel nicht erwischt haben, dann wirst du, Wildschwein-Speckbein, mich auch nicht kriegen."

Und er rollt und rollt weiter die Straße hinunter davon.

Da begegnet ihm der Hase und ruft: „Halt, dicke Kartoffel, warte ein wenig, ich will dich aufessen!"

Aber der Kartoffelkönig will sich nicht aufessen lassen und sagt: „Wenn mich die Großmutter, der Igel-

Strigel und das Wildschwein-Speckbein nicht erwischt haben, dann wirst du, Hase-Schnüffelnase mich auch nicht kriegen!"

Nachdem er wieder eine Weile so gerollt war, begegnen dem Kartoffelkönig zwei arme Kinder. Die haben großen Hunger und sagen: „Ach, was ist das für eine schöne, dicke Kartoffel! Wenn wir so eine Kartoffel hätten, dann könnte uns die Mutter einen großen, großen Kartoffelpuffer daraus backen!"

Als der Kartoffelkönig das hört, bekommt er Mitleid und denkt: „Für diese lieben Kinder will ich mich gerne kochen lassen!" Dann springt er, schwuppdiwupp, den Kindern in ihr Körbchen und lässt sich zur Mutter heimtragen.

Die freut sich sehr und bäckt für ihre Kinder einen großen Teller voller guter Kartoffelpuffer.

Mmmh, die schmecken!

Märchen aus Deutschland

Impulse

▶ Wir erzählen das Märchen noch einmal – die Kinder werden die Dialoge bald mitsprechen wollen.

▶ Wir bereiten miteinander frische Kartoffelpuffer zu und verspeisen sie gemeinsam.

Wie der Schnee zu seiner Farbe kam

Vorlesedauer:	3 Minuten
Thema:	**Die Freundschaft zwischen Schneeglöckchen und Schnee** *Das Märchen wird am besten im zeitigen Frühling, wenn der Schnee schmilzt, erzählt.*
Inhalt:	Ursprünglich hatte der Schnee überhaupt keine Farbe und war traurig darüber. Er macht sich auf den Weg und fragt der Reihe nach bei all den bunten Blumen nach, ob sie ihm nicht ein wenig von ihrer schönen Farbe abgeben wollten. Aber alle lachen ihn nur aus und schicken ihn weiter. Am Ende erbarmt sich das Schneeglöckchen und schenkt ihm von seiner weißen Farbe. Darüber ist der Schnee so glücklich, dass er das Schneeglöckchen nie erfrieren lässt.

Vor langer, langer Zeit war es, da hatte der Schnee noch gar keine Farbe und hätte doch so gerne auch eine Farbe haben wollen.

„Ringsherum tragen alle die schönsten, farbigen Kleider und nur mein Kleid soll gar keine Farbe haben?"

Also geht er hin zum Gras und sagt: „Liebes Gras, dein Kleid hat so wunderschöne grüne Farben. Bitte gib mir doch ein wenig davon." Aber das Gras ist hochnäsig, lacht ihn aus und sagt: „Meine Farbe brauche ich selbst, geh nur weiter."

Da geht der Schnee weiter und kommt an den Waldrand. Dort steht ein Veilchen in seinem blauen Kleid. Das findet er sehr hübsch und bittet: „Schenke mir doch ein wenig von deiner Farbe!" Das Veilchen aber lacht ihn auch aus und sagt: „Geh nur weiter, meine Farbe brauche ich selbst."

Er geht weiter und kommt zur Heckenrose mit all ihren schönen rosa Blüten. Die wird ihm bestimmt ein wenig Farbe geben! Er bittet sie, aber auch die Heckenrose will ihre Farbe selbst behalten und schickt ihn weg.

Noch lange wandert der Schnee von einer bunten Blume zur anderen: Zur gelben Sonnenblume, zur roten Rose, zum blauen Vergissmeinnicht und all den anderen. Aber auch sie wollen nichts von ihm wissen und lachen ihn aus.

Zuletzt kommt er zu dem Schneeglöckchen. Das Schneeglöckchen will ihm zuerst auch nichts geben. Da wird der Schnee ganz traurig und sagt: „Dann geht es mir ja geradeso wie dem Wind. Der hat auch keine Farbe und brüllt und bläst nur. Den kann auch niemand sehen."

Da bekommt das Schneeglöckchen Mitleid und schenkt ihm ein wenig Farbe von seinem weißen Mäntelchen.

Wenn du genau hinschaust, kannst du die Stellen noch sehen, wo es seine weiße Farbe hergegeben hat – an den Spitzen der Blütenblätter, da scheint es grün durch. Der Schnee aber ist weiß geworden und hat mit dem Schneeglöckchen Freundschaft geschlossen. Den anderen Blumen ist er gram und lässt sie erfrieren. Bloß das Schneeglöckchen, das friert nie, das schützt der Schnee.

Märchen aus Deutschland

Impulse

▶ Vor dem Erzählen auf Entdeckungsreise in den Garten gehen:
Wer kann die ersten Schneeglöckchen finden, die unter dem Schnee hervorspitzen?
Den Schnee anfassen, spüren, wie kalt der ist.
Außer dem Schneeglöckchen blühen noch gar keine Blumen – warum die Schnee-glückchen wohl nicht erfrieren?

▶ An die Zeit vor dem Winter erinnern:
„Erinnerst du dich noch an andere Blumen? In welchen Farben haben die geblüht?
Male eine Blume im grünen Gras."

▶ Anschließend dürfen die Kinder das Märchen spielen.
Jedes hält sein Blumenbild vor sich und wird vom „Schnee" um seine Farbe gebeten.

Das Kätzchen und die Stricknadeln

Vorlesedauer:	5 Minuten

Thema: **Achtsamkeit und Mitgefühl**
Wer achtsam ist und Mitleid mit einem Tier hat, wird reich belohnt.

Inhalt: Eine arme Frau hört auf dem Nachhauseweg vom Holz sammeln ein armes Kätzchen kläglich schreien. Sie nimmt es mit nach Hause, überlässt es aber nicht ihren Kindern zum Spielen, sondern schützt und pflegt es. Kaum gesund, verschwindet das Kätzchen auch schon wieder. Einige Tage danach begegnet die arme Frau an derselben Stelle, an der das Kätzchen gelegen hatte, einer vornehmen Dame, die ihr fünf Stricknadeln gibt. Verwundert darüber (offensichtlich besitzt sie ja nicht einmal Wolle zum Stricken), legt die Frau die Nadeln am Abend auf den Tisch – und findet am Morgen ein Paar schöne, gestrickte Strümpfe. Das macht sie fortan jeden Abend. Damit ist alle Armut vorüber, sie kann die Strümpfe verkaufen und hat mit ihren Kindern ein gutes Leben.

Es war einmal eine arme Frau, die hatte zwei Kinder. Einmal ging sie in den Wald, um Holz zu sammeln. Als sie ein großes Bündel zusammengeschnürt hatte, lud sie es auf den Rücken und machte sich wieder auf den Heimweg.

Da hörte sie ein klägliches Maunzen. Die arme Frau schaute sich um und sah ein krankes Kätzchen hinter einem Zaun liegen. Mitleidig nahm sie es in ihre Schürze und trug es nach Hause. Auf dem Heimweg liefen ihre beiden Kinder ihr schon entgegen. Als sie sahen, dass die Mutter etwas in ihrer Schürze trug, waren sie ganz neugierig und fragten: „Mutter, was hast du da?" und wollten gleich das Kätzchen haben und mit ihm spielen. Aber die Frau gab den Kindern das Kätzchen nicht: „Nein Kinder, das Kätzchen ist krank und braucht Ruhe!" Zu Hause legte sie es auf alte weiche Kleider und gab ihm warme Milch zu trinken. Die Kinder schauten zu und hatten ihre Freude daran. Aber eines Tages, als das Kätzchen sich gelabt hatte und wieder gesund geworden war, da war es mit einem Male fort und verschwunden.

Nach einiger Zeit ging die arme Frau wieder in den Wald. Auf dem Rückweg kam sie mit ihrer Bürde Holz zu der Stelle, wo das kranke Kätzchen gelegen hatte.

Da stand dort eine vornehme Dame und legte ihr fünf Stricknadeln in die Schürze. Die Frau wusste nicht recht, was sie denken sollte, die Gabe schien ihr gar zu seltsam. Doch nahm sie die fünf Stricknadeln mit nach Hause und legte sie am Abend auf den Tisch.

Aber als die Frau am Morgen aufgestanden war, stellt euch nur vor, da lagen ein Paar neue, fertig gestrickte Strümpfe auf dem Tisch! Das wunderte die Frau über alle Maßen. Am nächsten Abend legte sie die Nadeln wieder auf den Tisch, und am Morgen darauf lagen wieder neue Strümpfe da.

Jetzt merkte sie, warum ihr die vornehme Dame diese fleißigen Nadeln geschenkt hatte: Zum Dank für ihr Mitleid mit dem kranken Kätzchen hatte sie das getan.

Die Mutter ließ die Nadeln nun jede Nacht stricken, bis sie für sich und ihre Kinder genug hatte. Dann verkauften sie die Strümpfe und sie hatten gut zu leben bis an ihr seliges Ende.

Märchen aus Deutschland

Impulse

▶ „Wie hat das Kätzchen wohl ausgesehen? Male ein Bild von ihm!"

▶ Die Kinder erzählen:
„Wer von euch hat selbst ein Kätzchen zu Hause? „Was mögt ihr besonders gern an eurer Katze? Was mag sie trinken, was fressen? Was tut die Katze den ganzen Tag über?"

▶ **Tanzgedicht „Wir tanzen wie die Katzen"**
(im Marschschritt)
Bim bam brommel,
Katze schlug die Trommel.
(auf Zehenspitzen)
Sieben kleine Mäuschen
tanzten in der Reih
(mit schwerem Schritt)
und die ganze schwere Erde
donnerte dabei.

Aus Dänemark

Bei den Zwergen

Vorlesedauer:	4 Minuten
Thema:	**Heimweh** Wohlstand und Reichtum helfen nicht über die Sehnsucht hinweg nach denen, die man lieb hat. Am schönsten ist es zuhause bei den eigenen Eltern.
Inhalt:	Zwei Kinder leben mit ihren Eltern in großer Armut. Eines Nachts träumt der Junge von einer verheißungsvollen Einladung: Er und seine Schwester sollten sich bei der hohen Fichte einfinden, sie würden dann im Reich der Zwerge zu König und Königin gekrönt werden. Die Kinder folgen diesem Traum und er erfüllt sich tatsächlich. Sie leben in aller Herrlichkeit – nur eines ist ihnen verboten: Sie dürfen niemals weinen, sonst ist alles vorbei. Einige Tage fällt ihnen das auch leicht, sie denken gar nicht an die Eltern. Aber schließlich überfällt sie doch das Heimweh und sie weinen ihre Kissen nass. So erfüllt sich die Vorhersage und sie finden sich wieder draußen, unter der hohen Fichte. Allerdings entdecken sie dort eine goldene Münze, wohl ein Geschenk der guten Zwerge. Die nehmen sie mit nach Hause. Vater und Mutter sind überglücklich, ihre Kinder wieder zu haben. Im Besitz der goldenen Münze brauchen sie nun alle ihr Leben lang nicht mehr zu hungern.

Es waren einmal zwei Kinder, ein Bub und ein Mädchen, die lebten mit Vater und Mutter in einer kleinen Hütte im Wald. Der Vater war Holzhacker und die Mutter half ihm bei der Arbeit. Aber sie waren so arm, dass sie manchmal nicht einmal für ihre Kinder genug zu essen hatten.

Eines Tages, als sie wieder alle hungrig zu Bett gegangen waren, hatte der Bub einen Traum. Als er darüber aufwachte, weckte er vorsichtig seine Schwester und erzählte ihr leise, was er geträumt hatte: „Ein Zwerg ist gekommen und hat mir gesagt, wir sollen um Mitternacht zur hohen Fichte gehen. Dort werden wir viele Zwerglein antreffen und die wollen uns zu ihrem König und zu ihrer Königin machen."

Also standen die Kinder auf, zogen rasch ihre Kleider an und liefen hinauf zur hohen Fichte. Und stellt euch nur vor: Da trafen sie wirklich vierundzwanzig Zwerge an, die alle auf die Kinder gewartet hatten! Voller Freude liefen ihnen die Zwerge entgegen, kleideten Bruder und Schwester in goldene Gewänder und führten sie durch eine Höhle in ihr unterirdisches Königsschloss.

Drinnen im goldglitzernden Königssaal standen zwei Sessel, die waren ganz mit Samt bezogen. Darauf durften die Kinder Platz nehmen. Dann setzten ihnen die Zwerge goldene Kronen auf und sagten, sie könnten nun im Zwergenreich für immer König und Königin sein. Nur eines durften sie nicht tun: Sie durften niemals weinen. „Wenn auch nur eine Träne auf den Boden fällt, dann hat die ganze Herrlichkeit ein Ende!"

Drei Tage gingen vorüber voller Freude und Vergnügen. Die Kinder konnten den ganzen Tag lang nach Herzenslust spielen und sich mit den köstlichsten Speisen satt essen. Sie dachten gar nicht mehr an ihre Eltern.

Als sie aber am vierten Abend in ihren weichen, warmen Betten lagen, da fiel ihnen die Mutter ein. Was mochte sie wohl tun? Und der Vater? Dabei packte sie das Heimweh so sehr, dass sie bitterlich zu weinen begannen. Die Kopfkissen wurden nass – doch kein Tropfen fiel auf den Boden.

Am fünften Abend aber weinten sie wieder, als sie in ihren Betten lagen. Und diesmal rollte ein kleines Tränchen über das feine Linnen und fiel auf den Boden. Da ging ein Gekrach und Gepolter los, als ob die ganze Welt zusammenstürzte!

Dann war es auf einmal dunkel um sie und sie lagen wieder draußen unter der hohen Fichte und hatten auch ihre alten Kleider an.

Sie schauten sich um – doch was sahen sie da? Ein blankes Goldstück lag vor ihnen auf dem Boden. Das war wohl aus den schönen Kleidern gefallen, die sie im Zwergenreich getragen hatten. Die Goldmünze hoben sie auf und liefen heim zu Vater und Mutter. Die hatten sich schon große Sorgen gemacht und überall nach ihnen gesucht. Nun freuten sie sich sehr, dass ihre lieben Kinder wieder zu Hause waren.

Mit dem Gold von den Zwergen aber konnten sie sich alles kaufen, was sie brauchten und mussten ihr Leben lang nicht mehr hungern.

Märchen aus der Steiermark

Impulse

▶ „Wo oder bei wem bist du am allerliebsten?
Nach wem hast du schon einmal Heimweh /Sehnsucht gehabt?"

▶ Jedes Kind malt einen Zwerg (einfache Vorlage) bunt an und darf ihn hinterher entweder alleine oder mit Hilfe ausschneiden. Alle Zwerge im Kreis auf ein großes Plakatpapier kleben. In die entstandene Mitte dürfen die Kinder Kleinigkeiten legen, die sie im Schloss der Zwerge vermuten. *(Entsprechende „Kostbarkeiten" in einem Körbchen bereitstellen.)*

Der süße Brei

Vorlesedauer:	3 Minuten
Thema:	**Überfluss und das richtige Maß:** Zu viel zu haben, kann zum Problem werden. Wissen, wann es genug ist, und Aufhören können, ist wichtig im Leben.
Inhalt	Ein Mädchen lebt mit seiner Mutter allein und in Armut und sie hungern. Da geht das Kind in den Wald, wo ihm eine alte Frau ein wahres Wundertöpfchen schenkt. Auf das Wort „Töpfchen koche", kocht dieses Hirsebrei. Und wenn es sagt: „Töpfchen steh", so hört es wieder auf. So brauchen das Kind und seine Mutter nicht mehr zu hungern. Als das Mädchen eines Tages nicht zu Hause ist, lässt die Mutter das Töpfchen kochen und isst sich satt. Doch weiß sie das Wort nicht, mit dem das Töpfchen wieder aufhört, und so nimmt das Unheil seinen Lauf: Das Töpfchen kocht weiter, bis sich der Brei im ganzen Haus und in allen Straßen verteilt. Erst als das Kind heimkommt, kann es da Töpfchen stoppen. Wer aber in die Stadt wollte, musste sich durch den Brei hindurch essen.

Es war einmal ein armes frommes Mädchen. Das lebte mit seiner Mutter allein und sie hatten nichts mehr zu essen.

Da ging das Kind hinaus in den Wald. Dort begegnete ihm eine alte Frau. Die wusste seinen Jammer schon und schenkte ihm ein Töpfchen. Zu dem sollte es sagen: „Töpfchen koche", so kocht es guten, süßen Hirsebrei. Und wenn es sagte: „Töpfchen steh", dann hört es wieder auf zu kochen.

Das Mädchen brachte den Topf zu seiner Mutter heim, und nun waren sie ihrer Armut und ihres Hungers ledig und aßen süßen Brei, so oft sie nur wollten.

Auf eine Zeit war das Mädchen ausgegangen. Da sprach die Mutter: „Töpfchen koche!" Da kochte es und sie isst sich satt. Nun will sie, dass das Töpfchen wieder aufhören soll, aber sie weiß das Wort nicht! Also kocht es fort und der Brei steigt über den Rand hinaus und kocht immerzu: Die Küche und das ganze Haus voll und das zweite Haus und dann die Straße, als wollt es die ganze Welt satt machen und ist die größte Not und kein Mensch weiß sich da zu helfen.

Endlich, wie nur noch ein einziges Haus übrig ist, da kommt das Kind heim und spricht nur: „Töpfchen steh!" Da steht es still und hört auf zu kochen. Und wer wieder in die Stadt wollte, der musste sich erst durchessen.

Märchen der Brüder Grimm

Impuls

▶ Wir kochen – am besten gemeinsam – einen feinen Hirsebrei (oder Grießbrei), stellen den dampfenden, duftenden Topf in die Mitte und lesen das Märchen vor. Danach wird der Brei verspeist und alle Kinder haben Gelegenheit, ihre Gedanken zu äußern.

▶ **Beschenken und beschenkt werden**
Material: Ein kleiner Korb, gefüllt mit einer größeren Anzahl an kleinen „Kostbarkeiten", die alle Kinder lieben: Muscheln, hübsche Federn, glänzende Steine, schöne Schneckenhäuschen usw.; eine Klangschale, in der die Kinder ihre Geschenke jeweils weitertragen.

„Die alte Frau hat dem armen Mädchen ein Zauber-Töpfchen geschenkt und ihm damit eine große Freude gemacht. Auch du darfst jetzt etwas verschenken und damit einem anderen eine Freude machen: Nimm dir aus dem Korb einen kleinen Gegenstand, lege ihn in dad Töpfchen, gehe damit zu einem anderen Kind und schenke es ihm."

Das beschenkte Kind bedankt sich, nimmt das Geschenk heraus, wählt einen anderen kleinen Gegenstand aus und beschenkt damit ein weiteres Kind (das noch nichts erhalten hat) – usw., bis alle Kinder ein Geschenk bekommen haben.

Das Waldmännlein

Vorlesedauer:	3 Minuten
Thema:	**Hauchen und pusten – was unser Atemstrom alles kann** „Ist es nicht verwunderlich, dass wir aus unserem Mund „warme" und auch „kalte" Luft pusten können? *Das Märchen sollte im Winter erzählt werden, dann können die Kinder spüren, wie sich kalte Finger anfühlen.*
Inhalt:	Das Waldmännlein schaut einem Holzfäller zu, der sich an einem kalten Wintertag die Hände wärmt, indem er sie anhaucht. Er erklärt dem Männlein auch, warum er dies tut. Als er später auf sein noch zu heißes Essen pustet, um es abzukühlen, erklärt er auch dies dem neugierigen Holzmännlein. Dass aus seinem Mund einmal warme, einmal kalte Luft strömen soll, erscheint dem Waldmännchen ganz und gar unglaubwürdig und unheimlich und es läuft davon.

Es war einmal ein Holzfäller, der ging alle Tage in den Wald und schlug Holz. Eines Tages besuchte ihn ein kleines Waldmännlein. Das war ganz freundlich und schaute ihm bei der Arbeit zu.

Weil es aber mitten im Winter war und sehr kalt, fror es den Holzfäller arg an seinen Händen. Oft legte er die Axt beiseite und hauchte in die hohlen Hände, um sie dadurch zu erwärmen. Das Waldmännlein sah es und fragte: „Warum machst du das?" Der Mann erklärte es ihm: „Durch den Hauch aus meinem Mund will ich meine eiskalten Hände wärmen, dass sie mir nicht erfrieren." Das Männlein glaubte es und war mit der Antwort zufrieden.

Da kam endlich die Mittagszeit, und der Holzfäller wollte sich eine Mahlzeit bereiten. Er zündete ein Feuer an, legte Speckscheiben in die Pfanne, schlug ein paar Eier darüber und machte sich daran, sich sein Essen zu braten.

Noch immer war das Waldmännlein bei ihm und sah ihm neugierig zu. Der Holzfäller aber hatte großen Hunger und wollte nicht warten, bis die Speise abgekühlt war, sondern er aß aus der Pfanne vom Feuer weg. Weil das Essen aber noch recht heiß war, blies er mit dem Mund auf jeden Happen.

Das Waldmännlein wunderte sich und sagte: „Ist der Speck vom Feuer her nicht warm genug, dass du noch daran bläst, wie an deine erfrornen Hände?"

Der Holzfäller aber erklärte ihm: „Das tu ich, um den heißen Bissen abzukühlen." Das konnte das Waldmännlein nicht mehr glauben. Es sprach zum Holzfäller: „Du bist ein ganz unheimliches Wesen! Aus deinem Mund kommt bald warm, bald kalt, bei dir mag ich nicht länger bleiben."

Und augenblicklich ging das Waldmännlein auf und davon, und der Holzfäller hat es nie wieder gesehen.

Märchen aus Tirol

Impulse

▶ Wir machen es wie der Holzfäller und hauchen uns in die kalten Hände.
(Diese sollten wirklich kalt sein – also vorher einmal ohne Handschuhe ins Freie gehen.)
Danach wärmen wir uns bei einer Tasse Tee – in die wir nun zur Abkühlung pusten müssen.
*(Für sehr kleine Kinder ist es nicht einfach, zu **pusten** – hauchen geht viel leichter.)*

▶ **Feuer machen**
Wissen unsere Kinder überhaupt noch, wie faszinierend es ist, „echtes" Feuer anzuzünden und in die Flammen zu schauen? Haben sie schon einmal Holzscheite in den Händen gehalten und dabei gefühlt, wie rau sich ungehobeltes Holz anfühlt? Und wie interessant und total unterschiedlich es an den Schnittstellen aussieht?
Wir besorgen Holzscheite, am besten einen großen Korb voll. Die Kinder dürfen die Scheite herausnehmen und damit zunächst spielen und bauen und erzählen, was

ihnen einfällt. Später legen wir das Holz wieder in den Korb und tragen ihn gemeinsam (wie schwer der ist!) hinaus in den Garten. Dort schichten wir die Scheite – mit
dürren Zweigen oder Spänen zum Anbrennen – aufeinander und entzünden wie der
Holzfäller im Märchen ein kleines Feuer.

Mit Stockbrot oder Würstchen am Spieß wird unser Lagerfeuer ein richtiges Fest –
und die Kinder werden sofort wissen, dass sie blasen müssen, um sich nicht den
Mund zu verbrennen.

*(So ein Erlebnis ist die beste Gelegenheit, um den verantwortungsvollen Umgang
mit Feuer zu lernen. Kinder, die das kennen, sind nicht in Gefahr, unbeaufsichtigt
leichtfertig zu zündeln.)*

I bin's Binsili, i bin's Bänsili

Vorlesedauer:	5 Minuten
Thema:	Eine lustige Version des Märchens vom Rumpelstilzchen, die der Erfahrungswelt von kleinen Kindern nah ist.
Inhalt:	Ein Königspaar wünscht sich sehnlichst ein Kind, bekommt aber keines. Eines Tages erscheint ein kleines Männlein und verspricht der Königin ein Kind unter zwei Bedingungen: Sie darf keinem Menschen von ihm erzählen und muss sich in zwei Jahren noch an seinen Namen („I bin's Binsili, i bin's Bänsili") erinnern. Die Königin verspricht es und bekommt tatsächlich im Lauf des folgenden Jahres ein Kind. Doch vor lauter Freude vergisst sie den Namen des Männleins. Leute werden fortgeschickt, um ihn auszukundschaften. Endlich kommt ein Junge, der das Männlein im Wald beobachtet und seinen Namen gehört hat. Als das Männlein nach zwei Jahren wieder kommt, nennt die Königin sofort seinen Namen, worauf das Männlein erbost wegläuft und sich über sich selbst ärgert, weil es seinen Namen beim Teigschlecken selbst verraten hat.

Es waren einmal ein König und eine Königin, die hätten so gerne ein kleines Kindchen gehabt. Aber sie haben keins bekommen. Eines schönen Tages, als die Königin einmal allein daheim gewesen ist, geht auf einmal die Türe auf und ein ganz kleines Männlein ist hereingekommen und hat zur Königin gesagt: „Du kannst ein Kindlein haben, wenn du auf zwei Bedingungen eingehst." Da war die Königin gleich ganz eifrig und hat gefragt, was das denn für Bedingungen

wären. Darauf antwortete das Männlein: „Erstens darfst du keinem Menschen sagen, dass ich da gewesen bin. Und zweitens, in zwei Jahren komme ich wieder, dann musst du meinen Namen noch wissen. I bin's Binsili, i bin's Bänsili." Die Königin war damit einverstanden und das Männlein ist verschwunden.

Ein Jahr darauf haben der König und die Königin ein kleines Kindlein bekommen und alles ist froh gewesen und ein großes Fest wurde gefeiert. Vor lauter Freude hat die Königin die Sache mit dem kleinen Männlein ganz vergessen. Aber wie das Kind ein halbes Jahr alt war, ist ihr plötzlich alles eingefallen. Nur auf den Namen des Männleins, auf den hat sie sich um alles in der Welt nicht mehr besinnen können. Tag und Nacht hat sie nachgegrübelt und ist doch nicht darauf gekommen.

Da ist sie ganz schwermütig und krank geworden und hat überhaupt nicht mehr gelacht. Niemand wusste, was ihr fehlt, und keiner hat ihr helfen können. Zuletzt hat der König zu seinen Leuten gesagt: „Jeder geht jetzt hinaus in die Welt und gibt acht, was ihm Lustiges über den Weg kommt, und wenn er heimkommt, erzählt er's. Und wer es fertigbringt, dass die Königin wieder lacht, der kann sich wünschen, was er will."

Wie alle wieder zurückgekommen waren, da ist das Erzählen losgegangen. Aber die Königin hat dagesessen und ein trauriges Gesicht gemacht und hat auch nicht ein bisschen gelacht. Zuletzt ist ein großer Bub gekommen, und der hat erzählt: „Ich bin durch einen großen Wald geritten, da ist weit und breit kein Mensch gewe-

sen. Aber auf einer hohen Eiche hat ein ganz kleines Männlein gesessen. Das hat ein Schüsselchen auf den Knien gehabt und hat immer den Finger hineingesteckt und hat dann den Finger abgeleckt. Und jedes Mal hat es gesagt:

„I bin's Binsili, i bin's Bänsili,
i bin's kleine Männlein."

Wie das die Königin hört, fängt sie ganz laut an zu lachen und wird vergnügt und lustig. Der Bub aber hat alles bekommen, was er sich gewünscht hat.
Als zwei Jahre vorüber waren, geht auf einmal die Tür zum Zimmer der Königin auf und das kleine Männlein kommt herein und sagt: „Sag mir den Namen oder gib mir das Kindchen!" Da sagt die Königin sofort: „Du bist's Binsili, du bist's Bänsili, du bist das kleine Männlein."
Wie das Männchen das hört, fängt es an zu jammern, läuft zur Tür hinaus und schreit: „Recht ist mir geschehen! Hätte ich das Teiglecken sein lassen, so hätte ich jetzt ein Kindlein."

Alemannische Variante von „Rumpelstilzchen"

Impuls

▶ „Kannst du ein Geheimnis bewahren?"

Die Kinder sitzen im Kreis. Die Erzieherin geht mit einem abgedeckten Körbchen, in dem sich entsprechend viele unterschiedliche kleine „Geheimnisse" befinden, z. B. eine Feder, ein schöner Stein, eine bunte Kugel, eine Schneckenhaus usw. von einem Kind zum anderen. Jedes darf – ohne etwas zu sehen – hineingreifen und sich einen Gegenstand herausnehmen.

„Verstecke das kleine Geheimnis so in deinen Händen, dass nur du es sehen kannst – schau es genau an – nun schließe die Augen und spüre, wie es sich anfühlt – dann öffne die Augen wieder."

Nun darf jedes Kind sein „Geheimnis" benennen und es den anderen Kindern zeigen. *(Je nach Alter der Kinder so wie im Märchen auch als Ratespiel möglich.)*

▶ **Personenraten**

Wir sitzen im Stuhlkreis, jeder kann jeden sehen und die Kinder kennen sich.
Einem Kind werden die Augen verbunden und es wird zu einem anderen geführt und
es versucht, dieses durch Berühren zu erkennen: Es fasst vorsichtig in die Haare,
streicht ihm über das Gesicht – Augen, Ohren, Nase Mund – und über die Kleidung
und bittet vielleicht das andere Kind darum aufzustehen, um seine Größe zu erkennen. Spätestens dann kommt vielleicht die Erkenntnis: „Aha, lange Haare und ein
kurzärmeliges Kleid – Du bist die Steffi!" Nun setzt Steffi das Spiel fort. *(Mit verbun-
denen Augen und ohne die Stimme zu hören, ist das Erkennen nicht ganz so einfach.
Kommt ein Kind nicht auf den Namen des zu Erratenden, helfen wir, indem wir z.B. die
Haarfarbe oder ein anderes typisches Kennzeichen verraten.)*

▶ **Der Binsili-Bänsili-Tanz**

*Ein lustiger Tanz zum Entspannen nach einer konzentrierten Beschäftigung, der vom
allseits bekannten Blinde-Kuh-Spiel abgeleitet ist.*
Vorbereitung: Eine CD mit beliebiger Kinder-Tanz-Musik und eine freie Tanzfläche.
Einem Kind werden die Augen verbunden, dann erhält es einen Tanzpartner oder
eine Tanzpartnerin zugeteilt – alle anderen Kinder suchen sich ihre Partner selbst
aus. Nun beginnt der Tanz. Die mittanzenden Kinder tauschen ihre Tanzpartner
– besonders auch die des „blinden" Tänzers – möglichst oft durch Abklatschen
aus. Wenn die Musik nach einiger Zeit plötzlich aussetzt, bleiben alle stehen. Der
„blinde" Tänzer muss nun durch Abtasten seines Partners, seiner Partnerin erra-
ten, mit wem er gerade getanzt hat. Rät er falsch, geht das Tanzspiel weiter. Ist er
erfolgreich, darf er seine Augenbinde abnehmen und das erkannte Kind bekommt
sie umgebunden.

Die arme Frau und das Waldgeistlein

Vorlesedauer:	5 Minuten
Thema:	**Der Wert von Achtsamkeit und Mitgefühl** Ein achtsamer Umgang mit der Schöpfung und das Mitgefühl mit denen, die Hilfe brauchen, wirkt auf einen selbst zurück.
Inhalt:	Eine arme Frau sucht im Wald vergeblich nach Brennholz. Da begegnet ihr ein kleines Männlein, ein Waldgeistlein, und stellt sie auf die Probe: Wird sie nur an sich denken, oder wird sie Bäume und Tiere schonen? Ihre Achtung vor der Schöpfung und den Geschöpfen wird schließlich reich belohnt.

Es war einmal eine arme Frau. Als sie in ihrer kalten Stube wieder einmal fror, dachte sie: Ich will es mir ein wenig gemütlich machen und einheizen. Weil sie aber kein Brennholz hatte, ging sie hinaus in den Wald. Dort wollte sie Reisig und trockene Zapfen sammeln. Aber so sehr sie auch suchte, sie konnte kein einziges Ästchen finden und keinen einzigen Zapfen. Da setzte sie sich ins Moos und weinte.

Plötzlich hörte sie eine feine Stimme neben sich: „Warum weinst du?"

Sie schaute auf und sah ein kleines graues Männlein vor sich stehen. Es muss wohl ein Waldgeistlein gewesen sein. Die arme Frau klagte ihm ihre Not: „Ich weine, weil ich nichts zu essen habe und auch nichts zum Einheizen finde – kein Stückcher Holz!"

Darauf sagte das kleine Männlein: „Ich will dir helfen, komm mit mir!" Das tat die arme Frau auch und das Männlein führte sie tiefer in den Wald hinein. Vor einer schönen jungen Tanne blieb es stehen, zog eine kleine Holzhacke aus seinem Mantel und wollte von der Tanne ein paar Äste abhauen.

„Nein", rief da die Frau, „nicht von diesem schönen Baum, das wäre doch schade!"

Das Waldgeistlein freute sich, dass die arme Frau die junge Tanne schonen wollte, und ging weiter zu einem anderen Baum. Es machte sich daran, nun von diesem die Äste abzuhacken, aber da entdeckte die Frau oben in den Zweigen ein Vogelnest. Darin waren kleine Vögelchen, die ihre Schnäblein hungrig aufsperrten und nach Futter schrien. „Nein, nein", rief sie wiederum, „nicht von diesem Baum! Die Vöglein würden erschrecken!"

Wieder freute sich das Waldgeistlein über ihr gutes Herz und ging weiter.

Nach einer Weile kamen sie zu einem alten, vermoderten Baumstrunk und das Männlein meinte: „Aber von dem da wirst du schon etwas wollen?"

Die arme Frau aber sah, wie viele Ameisen über den Strunk krabbelten und in die Ritzen schlüpften. Deshalb sagte sie: „O nein, da wohnen ja die Ameisen drin – ihr Haus darf man nicht zerstören."

Zum drittenmal freute sich das Waldgeistlein und sie gingen wieder weiter.

Endlich kamen sie zu einem Baum, in den wohl einmal der Blitz eingeschlagen hatte, denn er war dürr und lebte nicht mehr. „Von dem gib mir!", bat die Frau. Und das Männlein tat, wie sie sagte. Es schlug den dürren Baum um und hackte die Stücke klein. Die Frau bedankte sich und klaubte soviel Holz in ihre Schürze, wie sie nur tragen konnte. Als sie damit fertig war und sich wieder nach dem Männlein umsah, war es aber nicht mehr da.

So wanderte sie fröhlich heim. Doch je länger sie ging, desto schwerer wurde das Holzbündel. Es wurde schwerer und immer schwerer und zuletzt war es so schwer, dass sie es kaum mehr tragen konnte.

Die arme Frau war sehr froh, als sie endlich nach Hause kam. Drinnen leerte sie ihre Schürze vor dem Herd aus. Da klang und klingelte es und funkelte und glitzerte golden und glänzend und hell! Erschrocken fasste sie ein Zweiglein an – da

spürte sie, dass es Gold war, schweres, echtes Gold! Nun war sie nicht länger arm.

Sie trug ihren Reichtum zum Goldschmied und der machte daraus die schönsten Ringe und Schmuckstücke und gab ihr viel Geld dafür. Davon kaufte sie sich eine Wiese und einen Acker, eine Kuh, ein Schwein, zwei Lämmer und eine Henne mit ihren Kücken. Nun hatte sie alles, was sie brauchte, und sogar noch mehr.

Wenn arme Leute an ihre Türe kamen, gab sie ihnen reichlich gutes Brot und Milch oder ein warmes Tuch, oder was einer eben brauchte.

Sie aber war glücklich und zufrieden ihr Leben lang.

Märchen aus Tirol

Impulse

▶ Einen Waldspaziergang unternehmen und genau hinschauen (Spuren suchen) und hinhören, welche Tiere auf und in den Bäumen leben.

▶ Kleine Zapfen, Bucheckern-Hütchen, Moos etc. mitbringen und daraus Waldgeistlein basteln.

Der Honigtopf

Vorlesedauer:	3 Minuten
Thema:	**Unsinnsgeschichte** Eine lustige Unsinnsgeschichte, die den Kindern großen Spaß machen wird, weil ein „Katzenpfurz" („So was sagt man nicht!") am Ende die überraschende Erlösung für alle bringt.
Inhalt:	Großväterchen und Großmütterchen finden eine Silbermünze. Sie kaufen sich einen Topf voll süßen Honig. Doch kaum haben sie mit dem Honigschlecken begonnen, kleben sie auch schon am Topf an. Danach kommen noch der Sohn, sieben Enkelkinder und die Frau Nachbarin vorbei – alle schlecken und kleben dann fest. Am Ende kommt die Katze und muss bei diesem Anblick so sehr lachen, dass sie einen fahren lässt. Das macht so einen Krach, so einen Wind, dass sich alle wieder ablösen.

Es waren einmal ein alter Mann und eine alte Frau, die gingen eines Tages spazieren. Und was sahen sie da? Eine kleine Silbermünze lag mitten auf ihrem Weg.

„Mein gutes Alterchen, was sollen wir mit dem Geld machen?"

„Kaufen wir Bohnen!"

„Aber unsere Augen sind doch schon so schwach – wir sehen nicht genug, um sie zu putzen."

„Kaufen wir Kichererbsen!"

„Aber wir haben doch keine Zähne mehr, um sie zu beißen."

„Also gut, dann kaufen wir Honig!"

„Ja, das ist gut, Alterchen, dann können wir Honig lecken und kriegen was Süßes in den Mund!"

Sie kauften also einen Topf voll Honig und fingen gleich zu schlecken an.

Das alte Großväterchen macht sich zuerst daran, er schleckt – und sein Finger klebt an.

Das alte Großmütterchen macht sich auch daran, sie schleckt – und ihr Finger klebt an.

Da kommt der Sohn, der schleckt auch – und sein Finger klebt an.

Die sieben Enkelchen kommen vorbei – schlecken – und die Fingerchen kleben an.

Die Frau Nachbarin kommt vorbei. „Bitte sehr! Nehmt euch nur!" Die Frau Nachbarin schleckt – und auch sie klebt an.

Da läuft die Katze vorbei.

Als sie sieht, wie die Frau Nachbarin, die sieben Enkelchen, der Sohn, Großmütterchen und Großväterchen alle an dem Honigtopf kleben, da muss sie lachen!

Sie muss so sehr lachen, dass sie einen fahren lässt: P P P p p p p h! Das macht Wind, das macht Krach ... und alle, alle lösen sich wieder ab.

Ja, sie lebten damals nicht schlecht. Wir hier aber leben noch besser.

Märchen aus Griechenland

Impulse

▶ Alle Kinder dürfen Honig schlecken.

▶ „Was würdest du dir von einer ‚Silbermünze' kaufen?"

▶ Haben die Kinder schon einmal Kichererbsen gegessen?
Angekeimte Erbsen mitbringen und die Kinder knabbern lassen – sie schmecken köstlich, ähnlich sehr jungen Haselnüssen.

Das Hirtenbüblein

Vorlesedauer:	4 Minuten
Thema:	**Die Weisheit von Kindern**
	Kinder besitzen – jenseits allen Schulwissens – Intuition und Weisheit.
Inhalt:	Ein kleiner Hirtenjunge ist wegen seiner weisen Antworten auf schwierige Fragen im ganzen Land berühmt. Als der König davon hört, möchte er das Bübchen prüfen und stellt ihm drei Fragen, die ihm bisher noch niemand beantworten konnte. Das Kind antwortet, wie es nur ein Philosoph, ein Mystiker oder eben ein Kind kann, das der Quelle seines intuitiven Lebenswissens noch ganz nah ist. Darauf sieht der König das Hirtenbüblein wie sein eigenes Kind an und nimmt es zu sich in sein Schloss.

Es war einmal ein Hirtenbüblein, das war weit und breit berühmt, weil es auf jede Frage eine weise Antwort gab. Der König des Landes hörte davon, glaubte es nicht und ließ das Bübchen kommen. Als es vor ihm stand, sprach er zu ihm: „Wenn du mir auf drei Fragen, die ich dir vorlegen will, Antwort geben kannst, so will ich dich ansehen wie mein eigenes Kind und du sollst bei mir in meinem königlichen Schloss wohnen."

Sprach das Büblein: „Wie lauten die drei Fragen?" Der König sagte: „Die erste lautet: Wie viel Tropfen Wasser sind in dem Weltmeer?" Das Hirtenbüblein antwortete: „Herr König, lasst alle, alle Flüsse auf der Erde verstopfen, damit kein

Tröpflein mehr daraus ins Meer läuft, das ich nicht vorher gezählt habe. Dann will ich euch sagen, wie viel Tropfen im Meer sind."

Sprach der König: „Die andere Frage lautet: Wie viele Sterne stehen am Himmel?" Das Hirtenbüblein antwortete: „Gebt mir einen großen Bogen weißes Papier". Dann machte es mit der Feder so viele Punkte darauf, dass sie kaum zu sehen und fast gar nicht zu zählen waren und einem die Augen vergingen, wenn man darauf blickte. Darauf sprach es: „Soviel Sterne stehen am Himmel, als hier Punkte auf dem Papier, zählt sie nur." Aber niemand war dazu imstande.

Sprach der König: „Die dritte Frage lautet: Wie viele Sekunden hat die Ewigkeit?" Da sagte das Hirtenbüblein: „In Hinterpommern liegt der Demantberg, der hat eine Stunde in die Höhe, eine Stunde in die Breite und eine Stunde in die Tiefe; dahin kommt alle hundert Jahre ein Vöglein und wetzt sein Schnäblein dran. Wenn der ganze Berg abgewetzt ist, dann ist die erste Sekunde von der Ewigkeit vorbei."

Darauf sprach der König: „Du hast die drei Fragen aufgelöst wie ein Weiser. Ich will dich ansehen wie mein eigenes Kind und du sollst fortan bei mir in meinem königlichen Schlosse wohnen."

Märchen der Brüder Grimm

Impulse

▶ Wir singen das schöne alte Kinderlied: „Weißt du, wie viel Sternlein stehen?"

▶ Die Kinder dürfen – wie das Hirtenbüblein – einen Sternenhimmel gestalten. Besonders reizvoll: Mit goldenen „Gel-Rollern" (feine Schreibspitze) auf dunkelblauem Tonpapier.

▶ **Experimente mit Wasser**
Jedes Kind erhält eine Pipette, mit Wasser gefüllt, und darf das Wasser nun Tropfen für Tropfen in eine Schale fallen lassen. Die Größeren können schon mitzählen – wie lange das dauert, bis auch nur die Schale voll ist!

▶ Wenn möglich, draußen an einem kleinen Bach einen „echten" Staudamm bauen.

Der goldene Schlüssel

Vorlesedauer:	3 Minuten
Thema:	**Was macht das Leben reich?** Den größten „Schatz", der unser Leben hell und froh macht, können wir nicht mit Geld kaufen – wir finden ihn in unserem Herzen. *Ein Märchen für die Winterszeit – am schönsten kurz vor Weihnachten zu erzählen.*
Inhalt:	Ein armer Junge findet beim Holz sammeln einen kleinen, goldenen Schlüssel, der seine Neugierde weckt: Ob es wohl ein passendes Schloss dazu gibt? Tatsächlich findet er auch noch ein Kästchen mit dem passenden Schlüsselloch. Er öffnet es – doch der „Schatz" darin bleibt ein spannendes Geheimnis.

Zur Winterszeit, als einmal ein tiefer Schnee lag, musste ein armer Junge hinausgehen und Holz auf einem Schlitten holen. Wie er es nun zusammengesucht und aufgeladen hatte, wollte er, weil er so durchgefroren war, noch nicht nach Hause gehen, sondern erst ein Feuer anzünden und sich ein bisschen wärmen. Da scharrte er den Schnee weg, und wie er so den Erdboden aufräumte, fand er einen kleinen, goldenen Schlüssel. Nun glaubte er, wo der Schlüssel wäre, müsste auch das Schloss dazu sein, grub in der Erde und fand ein eisernes Kästchen. „Wenn der Schlüssel nur passt!", dachte er, „Es sind gewiss kostbare Sachen in dem Kästchen." Er suchte, aber es war kein Schlüsselloch da. Endlich entdeckte er eins, aber so klein, dass man es kaum sehen konnte. Er probierte,

und der Schlüssel passte glücklich. Da drehte er ihn einmal herum, und nun müssen wir warten, bis er vollends aufgeschlossen und den Deckel aufgemacht hat. Dann werden wir erfahren, was für wunderbare Sachen in dem Kästchen lagen.

Märchen der Brüder Grimm

Impulse

▶ Unmittelbar nach dem Erzählen die Kinder auffordern, ihre Augen zu schließen und sich das Kästchen vorzustellen: „Wie sieht das Schatzkästchen aus? – Welche Farbe hat es? – Wie weit ist der Deckel offen? – Mache ihn vorsichtig ganz auf: Nun schau, was du für kostbare Dinge in dem Kästchen findest!
(Es kann hilfreich sein, nach jedem Impuls z. B. mit einem Glöckchen einen ganz leisen Klang ertönen zu lassen.)
Danach dürfen die Kinder die Augen wieder öffnen und erzählen, welch kostbare Dinge sie gesehen haben. Häufig werden sie glänzende Perlen, Schmuck, eine goldene Krone sehen – aber manchmal auch ihre sehnlichsten Wünsche, die gar nicht materiell sein müssen.

▶ Gespräch darüber, dass das, was wir lieb haben, ein Schatz für uns ist:
„Hat schon einmal jemand zu dir gesagt „Du bist mein Schatz!"?
„Wie können wir zeigen, dass wir jemanden lieb haben?"

▶ Die Kinder dürfen ein eigenes kleines Schatzkästchen gestalten.

Der Mond und seine Mutter

Vorlesedauer:	3 Minuten
Thema:	**Der Mond, faszinierender Himmelskörper** Der Mond war für die Menschen schon immer der faszinierendste aller Himmelskörper. Mit einiger Fantasie kann man sogar sein Gesicht sehen – für Kinder wird er damit zum lebendigen Wesen. Die Frage, ob der Mond auch Kleider trägt, ist für sie naheliegend.
Inhalt:	Weil der Mond friert, bittet er seine Mutter, ihm ein Kleid zu nähen. Sie will das auch gerne tun und nimmt Maß. Doch als ihr Sohn wiederkommt, ist er groß und rund geworden und das Kleid passt nicht. Sie näht es um – doch als er das nächste Mal nach Hause kommt, ist er vom vielen Herumlaufen wieder ganz dünn geworden. Da mag ihm die Mutter kein Kleid mehr nähen. Deshalb muss er nun nackt seine Bahnen am Himmel ziehen.

Der Mond sprach einmal zu seiner Mutter: „Mache mir doch ein warmes Kleid. Ich friere, denn die Nächte sind so kalt!" Da nahm sie ihm das Maß und er lief davon.

Wie er aber über eine kleine Zeit wiederkam, da war er so groß geworden, dass das Röcklein nirgends passen wollte. Die Mutter fing daher an, die Nähe zu trennen, um es auszulassen. Weil dies dem Mond zu lang dauerte, so ging er wieder fort seines Weges.

Die Mutter nähte emsig am Kleid und saß manche Nacht auf beim Sternenschein.

Als nun der Mond zurückkam und viel gelaufen war, da hatte er sehr abgenommen, war dünn und bleich geworden. Deshalb war ihm das Kleid viel zu weit und die Ärmel schlotterten bis auf die Knie. Da wurde die Mutter sehr verdrossen, dass er ihr solche Possen spielte und nähte ihm nie wieder ein Kleid.

Deswegen muss nun der arme Schelm nackt und bloß am Himmel laufen, bis jemand kommt, der ihm ein Röcklein kauft.

Märchen der Brüder Grimm (Urhandschrift)

Impulse

▶ „Hast du den Mond schon einmal am Nachthimmel gesehen? Weißt du noch, wie er ausgesehen hat? Male ein Bild vom Mond!"

▶ Bilder vom Mond am Nachthimmel zeigen und seine unterschiedlichen Formen benennen.

▶ „Hast du auch schon einmal gemerkt, dass dir eine Hose oder ein Pullover zu klein geworden sind? Was hat deine Mama dann getan?"

Die Pfanne

Vorlesedauer:	5 Minuten
Thema:	**Aus Hilfsbereitschaft und Großzügigkeit erwächst Glück.** Wer nicht nur an sich selbst denkt, sondern großzügig und hilfsbereit ist, der wird reich belohnt. Das ist nicht vordergründig zu verstehen, sondern vermittelt schon den Kindern eine Ahnung davon, dass Menschen mit einer solchen Haltung glücklicher leben als egoistische Geizhälse.
Inhalt:	Ein armes Mädchen hilft den Bergbauern beim Mähen. Alle mögen es, weil es fleißig und hilfsbereit ist. Eines Tages, entdeckt es während der Brotzeit an der gegenüberliegenden Felswand einen Zwerg. Das Mädchen vermutet, dass dieser auch Hunger haben könnte und wirft ihm etwas von seinem Essen zu. Auf dem Heimweg taucht der Kleine wieder auf, bittet das Mädchen in seine Höhle und zeigt ihm eine große kupferne Pfanne. Auf die merkwürdige Frage des Zwerges „Wie viele Kinder kann man darin wohl baden?" antwortet das Mädchen: „Sieben". Der Zwerg schenkt dem Mädchen die Pfanne. Als sie daheim mit Mutter und Geschwistern etwas Essen hineinlegen, da wird es zu einer guten Mahlzeit, die für alle reicht, und der Hunger hat ein Ende. Später heiratet das Mädchen, bekommt sieben Kinder und auch diese große Familie wird alle Tage satt. Die junge Mutter aber kocht in der Pfanne einmal im Monat eine besonders köstliche Speise und stellt sie vor die Tür, um dem Zwerg und seinen Wichteln etwas Gutes zu tun. Die Pfanne aber kocht ein Leben lang weiter für die Familie.

Es war einmal ein armes Mädchen, das lebte mit seiner Mutter und seinen Geschwistern hoch oben in den Bergen. Im Sommer gab es viel Arbeit und das Mädchen half den Bauern beim Grasmähen. Die Wiesen dort waren sehr steil und es war eine mühsame Arbeit. Aber das Mädchen war immer fleißig und freundlich und alle Leute hatten es gern.

Eines Tages rasteten alle und machten Brotzeit. Auf einmal erblickte das Mädchen gegenüber an der Bergwand einen Zwerg. „Gewiss ist der auch hungrig", dachte es. Deshalb brach es ein Stück von seinem Brot ab, und auch vom Käse, und warf es dem Zwerg zu. Der fing beides geschickt auf und verschwand sogleich damit.

Am Abend, als sich alle auf den Heimweg machten, erblickte das Mädchen den Kleinen wieder. Er stand an der gleichen Stelle und diesmal winkte er ihr, sie sollte kommen. Das tat sie auch und das Zwerglein führte sie zu seiner Höhle. Da stand eine große, glänzende, kupferne Pfanne. „Was meinst du", fragte der Zwerg, „wie viele Kinder kann man darin baden?" – „Sieben, denke ich", erwiderte das Mädchen, „wenn man sie im Kreise setzt." – „Richtig, aber für uns ist sie zu groß, ich schenke sie dir", sagte der Zwerg. Das Mädchen freute sich und dankte dem Zwerg. Es trug die Pfanne heim zur Mutter und zu den Geschwistern. So eine schöne glänzende Pfanne hatten sie noch nie gesehen!

Sie taten ein bisschen Essen hinein, um es zu kochen – aber schaut nur, es wurde immer mehr und mehr, und sie konnten sich endlich einmal ganz satt essen! Nun brauchten sie nicht mehr Hunger zu leiden, die kupferne Pfanne bereitete immer genug für alle zu.

Das Mädchen wuchs heran und eines Tages kam ein junger Bauersmann und fragte, ob sie seine Frau werden wollte. Sie heirateten und bald bekamen sie auch ein Kindchen, dann noch eins und jedes Jahr wieder eins, bis es ihrer sieben waren.

Die Pfanne hatten sie in ihre neue Hütte mitgenommen. Sie kochte alle Tage reichliches Essen, auch wenn sie nur wenig hineintun konnten.

Jeden Monat aber, wenn der Mond rund und voll über dem Berg stand, bereitete die junge Mutter eine besonders gute Speise in der kupfernen Pfanne und stellte sie vor die Türe. Dann kam alsbald das Zwerglein herbei und brachte viele kleine Wichtlein mit, Männlein und Weiblein. Sie ließen sich den köstlichen Schmaus gut schmecken und stellten die Pfanne blitzblank wieder zurück. Die aber sorgte weiter für Vater, Mutter und die sieben Kinder, ihr Leben lang.

Märchen aus Südtirol

Impulse

▶ „Wenn das Zwerglein dir die Pfanne geschenkt hätte – was würdest du dir wünschen, dass die Pfanne kocht?"

▶ Wir bereiten mit den Kindern in einer großen Pfanne ein feines Essen zu.
  Alle dürfen etwas hineingeben. Danach teilen wir es und essen gemeinsam. *(Gut geeignet ist z. B. Kaiserschmarrn aus Eiern, Milch und Mehl oder ein Gemüsegericht, direkt in der Pfanne gedünstet. Dafür können die Kinder die Zutaten vorher kleinschneiden.)*

Die Reise um die Erde

Vorlesedauer: 4 Minuten

Thema: **Unser Planet Erde, eine Kugel**
„Ist die Erde tatsächlich eine Kugel?" Diese Frage hat die Menschheit über lange Zeiten sehr bewegt. Unser kleines Märchen gibt auf eine Weise Antwort, die Kinder sehr ansprechen wird, weil sie ihre Art des Denkens aufgreift.

Inhalt Zwei Eskimomänner wollen herausfinden, ob die Erde eine Kugel ist, und beschließen, in entgegen gesetzten Richtungen solange zu wandern, bis sie wieder aufeinandertreffen. Sie schnitzen aus dem Horn eines Ochsen zwei Trinkbecher *(die vermutlich beim Wiedersehen das Erkennungszeichen sein sollen)*, setzen ihre jungen Frauen auf die Schlitten und ziehen los. Sommer folgen auf Winter, viele, viele Male. Kinder werden geboren, die Eltern werden alt auf dieser Reise. Endlich begegnen sich die Schlitten der beiden Freunde wieder. Von den Bechern sind durch die jahrelange Benutzung nur noch die Henkel übrig. Die Alten sind halbblind und müssen von ihren Kindern in die Hütten geführt werden. Aber ihre Reise hat bestätigt: Die Erde ist tatsächlich eine Kugel!

W eit fort von uns – hoch im Norden, wo es nur ganz kurze Zeit Sommer ist, leben die Eskimos. Zwei Eskimomänner unterhielten sich einmal in einer Sturmnacht; sie hockten hinter einem Felsen und der Schnee deckte sie bis an die Brust zu.

Da fragte der eine den anderen: „Glaubst du wirklich, die Erde ist eine Kugel?"
„Ich kann es mir nicht vorstellen", sagte der andere. „Lass uns doch einfach einmal rund um die Erde herumgehen, dann werden wir es wissen und können es allen erzählen!"

Am nächsten Tage setzten sie sich gleich hin und schnitzten sich jeder aus den Hörnern eines Ochsen einen Trinkbecher. Dann setzten sie ihre jungen Frauen auf den Schlitten, nahmen Abschied und fuhren los. Der eine fuhr nach Osten, der andere nach Westen.

Lange knallten sie mit den Peitschen. So lange, wie sie sich noch hören konnten. Als es Sommer wurde und das grüne Gras wuchs, machten sie halt. Sie bauten ihre Zelte auf und blieben an der Stelle, wo sie waren. Im Winter aber reisten sie auf ihren Schlitten weiter.

Und so den folgenden Sommer und den folgenden Winter und wieder den folgenden Sommer und den folgenden Winter. Und jeden folgenden Sommer und jeden folgenden Winter. Denn es dauerte lange, lange, bis sie um die Erde herumgewandert waren.

Sie bekamen Kinder, sie schrumpften zusammen, die Kinder selber wurden schon runzlig und weißhaarig.

Zuletzt wurden die Eltern so alt, dass sie unter Tags auf dem Schlitten einschliefen. Die Kinder mussten sie auf dem Schlitten anbinden, damit sie nicht herunterfielen. Endlich an einem Sommertag, als gerade die Sonne aufging, trafen sie wieder aufeinander, die beiden Freunde.

Da war von ihren Bechern nichts mehr übrig geblieben als die Henkel. So oft hatten sie unterwegs am Brunnen getrunken und dabei das Horn am Gras abgewetzt.
„So groß hatten wir uns die Erde nicht gedacht", sagten sie, als sie sich die Hand gaben und sich aus halbblinden Augen ansahen.

Sie waren jung, als sie fortgewandert waren. Ihr Gang war mehr ein Tanz gewesen, und sie hatten fröhlich gesungen mit ihren Frauen auf den Schlitten. Jetzt standen sie da und versuchten sich zu erkennen aus den halbblinden Augen. Und ihre Kinder mussten sie stützen, dass sie zu ihren Hütten hingehen konnten.

Eskimomärchen

Impulse

▶ Wir betrachten gemeinsam einen großen, runden Globus und lassen ihn von den Kindern umfassen, mit den Händen die Rundung erspüren, mit den Fingern den langen, langen Weg einmal herum „gehen". *(Bei den kleinen Kindern geht es nicht darum, einen realistischen Weg zu finden. Sie können in ihrer Fantasie mit den Fingern durchaus auch über Berge, Flüsse und Meere wandern.)*

▶ „Groß und schön ist die Welt! Durch viele fremde Länder sind die beiden Freunde gekommen, haben Menschen getroffen, die ganz anders leben und aussehen. Kennt ihr Kinder aus anderen Ländern?"
Mit größeren Kindern könnte man ein Plakat „Kinder dieser Welt" gestalten: Bilder malen oder Bilder/Fotos aufkleben.

▶ Das Altern und die Generationenfolge ist ein weiteres Thema dieser Geschichte. Mit den Kindern kann man Fotos von ihren (Ur-)Großvätern als kleinen Buben, als jungen Männern, als Väter und dann eben als Großväter anschauen und über die verschiedenen Lebensphasen reden.

Der Wolf und die sieben jungen Geißlein

Vorlesedauer:	8 Minuten
Thema:	**Kindliche Trennungsangst** Trennungsangst und ihre Bewältigung ist ein wichtiges Thema für kleine Kinder. Der Wolf in diesem Märchen ist eine Symbolfigur, die für all die Ängste und Schrecken steht, die kleine Kindern bei der Trennung von den Eltern empfinden können.
Inhalt:	Die Geißlein-Mutter geht fort, um Futter zu suchen. Eindringlich warnt sie ihre Kinder davor, den Wolf ins Haus zu lassen. Als der Wolf tatsächlich kommt, sind die Geißlein zunächst auch misstrauisch genug, um nicht auf seine Verstellungen hereinzufallen. Aber am Ende gelingt es ihm doch, sie zu überlisten – und er verschlingt in seiner Gier sechs der Geißlein. Nur das Jüngste findet er nicht, das hat sich im Uhrenkasten versteckt. Als die alte Geiß zurückkommt, sucht und ruft sie ihre Kinder. Da wagt sich das Jüngste aus seinem Versteck und erzählt alles. Schließlich entdeckt die Geiß den Wolf schlafend unter einem Baum. Sie lässt sich Schere, Nadel und Zwirn holen und schneidet dem Ungeheuer den Bauch auf. Da springen nacheinander alle sechs Geißlein fröhlich heraus und sind vollkommen unversehrt. Nun holen sie sechs Wackersteine herbei, legen sie dem Wolf in den Bauch und die Mutter näht diesen wieder zu, ohne dass er etwas davon merkt. Als der Wolf erwacht, hat er schrecklichen Durst, beugt sich über den Brunnen, stürzt hinein und ertrinkt. Die Geißlein aber sind froh und tanzen mit ihrer Mutter glücklich um den Brunnen herum.

Es war einmal eine alte Geiß, die hatte sieben junge Geißlein und hatte sie lieb, wie eine Mutter ihre Kinder lieb hat. Eines Tages wollte sie in den Wald gehen und Futter holen, da rief sie alle sieben herbei und sprach: „Liebe Kinder, ich will hinaus in den Wald, seid auf eurer Hut vor dem Wolf, wenn er hereinkommt, so frisst er euch alle mit Haut und Haar. Der Bösewicht verstellt sich oft aber an seiner rauen Stimme und an seinen schwarzen Füßen werdet ihr ihn gleich erkennen."

Die Geißlein sagten: „Liebe Mutter, wir wollen uns schon in Acht nehmen. Ihr könnt ohne Sorge fortgehen." Da meckerte die Alte und machte sich getrost auf den Weg.

Es dauerte nicht lange, so klopfte jemand an die Haustür und rief: „Macht auf, ihr lieben Kinder, eure Mutter ist da und hat jedem von euch etwas mitgebracht." Aber die Geißerchen hörten an der rauen Stimme, dass es der Wolf war.

„Wir machen nicht auf", riefen sie, „du bist unsere Mutter nicht, die hat eine feine liebliche Stimme, aber deine Stimme ist rau; du bist der Wolf."

Da ging der Wolf fort zu einem Krämer und kaufte sich ein großes Stück Kreide: Die aß er und machte damit seine Stimme fein. Dann kam er zurück, klopfte an die Haustür und rief: „Macht auf, ihr lieben Kinder, eure Mutter ist da und hat jedem von euch etwas mitgebracht."

Aber der Wolf hatte seine schwarze Pfote in das Fenster gelegt, das sahen die Kinder und riefen: „Wir machen nicht auf, unsere Mutter hat keinen schwarzen Fuß, wie du: Du bist der Wolf."

Da lief der Wolf zu einem Bäcker und sprach: „Ich habe mich an den Fuß gestoßen, strech mir Teig darüber."

Und als ihm der Bäcker die Pfote bestrichen hatte, so lief er zum Müller und sprach: „Streu mir weißes Mehl auf meine Pfote."

Der Müller dachte: „Der Wolf will einen betrügen", und weigerte sich, aber der Wolf sprach: „Wenn du es nicht tust, so fresse ich dich."

Da fürchtete sich der Müller und machte ihm die Pfote weiß. Ja, das sind die Menschen.

Nun ging der Bösewicht zum dritten Mal zu der Haustüre, klopfte an und sprach: „Macht mir auf Kinder, euer liebes Mütterchen ist heimgekommen und hat jedem von euch etwas aus dem Walde mitgebracht."
Die Geißerchen riefen: „Zeig uns erst deine Pfote, damit wir wissen, dass du unser liebes Mütterchen bist."
Da legte er die Pfote ins Fenster und als sie sahen, dass sie weiß war, so glaubten sie, es wäre alles wahr, was er sagte, und machten die Türe auf. Wer aber hereinkam, das war der Wolf. Sie erschraken und wollten sich verstecken. Das eine sprang unter den Tisch, das zweite ins Bett, das dritte in den Ofen, das vierte in die Küche, das fünfte in den Schrank, das sechste unter die Waschschüssel, das siebente in den Kasten der Wanduhr.
Aber der Wolf fand sie alle und machte nicht langes Federlesen: Eins nach dem andern schluckte er in seinen Rachen; nur das jüngste in dem Uhrkasten, das fand er nicht. Als der Wolf seinen Hunger gestillt hatte, trollte er sich fort, legte sich draußen auf der grünen Wiese unter einen Baum und fing an zu schlafen.

Nicht lange danach kam die alte Geiß aus dem Walde wieder heim. Ach, was musste sie da erblicken! Die Haustüre stand sperrweit auf: Tisch, Stühle und Bänke waren umgeworfen, die Waschschüssel lag in Scherben, Decke und Kissen waren aus dem Bett gezogen. Sie suchte ihre Kinder, aber nirgends waren sie zu finden. Sie rief sie nacheinander bei Namen, aber niemand antwortete.
Endlich, als sie an das Jüngste kam, da rief eine feine Stimme: „Liebe Mutter, ich stecke im Uhrkasten."

Sie holte es heraus und es erzählte ihr, dass der Wolf gekommen wäre und die andern alle gefressen hätte. Da könnt ihr denken, wie sie über ihre armen Kinder geweint hat. Endlich

ging sie in ihrem Jammer hinaus und das jüngste Geißlein lief mit. Als sie auf die Wiese kam, so lag da der Wolf an dem Baum und schnarchte, dass die Äste zitterten. Sie betrachtete ihn von allen Seiten und sah, dass in seinem angefüllten Bauch sich etwas regte und zappelte.

„Ach Gott", dachte sie, „sollten meine armen Kinder, die er zum Abendbrot hinuntergewürgt hat, noch am Leben sein?" Da musste das Geißlein nach Hause laufen und Schere, Nadel und Zwirn holen. Dann schnitt sie dem Ungetüm den Wanst auf, und kaum hatte sie einen Schnitt getan, so streckte schon ein Geißlein den Kopf heraus, und als sie weiter schnitt, so sprangen nacheinander alle sechse heraus und waren noch alle am Leben und hatten nicht einmal Schaden gelitten, denn das Ungetüm hatte sie in der Gier ganz hinuntergeschluckt. Das war eine Freude! Da herzten sie ihre liebe Mutter und hüpften wie ein Schneider, der Hochzeit hält.

Die Alte aber sagte: „Jetzt geht und sucht Wackersteine, damit wollen wir dem gottlosen Tier den Bauch füllen, solange es noch im Schlafe liegt."

Da schleppten die sieben Geißerchen in aller Eile die Steine herbei und steckten sie ihm in den Bauch, so viel sie hineinbringen konnten. Dann nähte ihn die Alte in aller Geschwindigkeit wieder zu, dass er nichts merkte und sich nicht einmal regte.

Als der Wolf endlich ausgeschlafen hatte, machte er sich auf die Beine und weil ihm die Steine im Magen so großen Durst erregten, so wollte er zu einem Brunnen gehen und trinken. Als er aber anfing zu gehen und sich hin und her zu bewegen, so stießen die Steine in seinem Bauch aneinander und rappelten. Da rief er:

„Was rumpelt und pumpelt
in meinem Bauch herum?
Ich meinte, es wären sechs Geißerlein,
So sind's lauter Wackerstein."

Und als er an den Brunnen kam und sich über das Wasser bückte und trinken wollte, da zogen ihn die schweren Steine hinein und er musste jämmerlich ersaufen.

Als die sieben Geißerlein das sahen, da kamen sie herbeigelaufen, riefen laut: „Der Wolf ist tot, der Wolf ist tot!" und tanzten mit ihrer Mutter vor Freude um den Brunnen herum.

Märchen der Brüder Grimm

Impuls

▶ Nach diesem spannenden Märchen bilden wir einen Kreis um einen „Brunnen", dieser kann einfach mit einem blauen Tuch in einem Kreis aus Steinen symbolisiert werden.

Wir nehmen uns bei den Händen, laufen so schnell wie möglich nach rechts herum und zählen dabei laut bis 10. Danach nach links wenden, wieder schnell laufen und laut bis 9 zählen usw. usw. Nach der 1 laufen alle in die Mitte und rufen, so laut sie können: „Huu huu huu" in den Brunnen hinein. Nun können wir sicher sein, dass der Wolf auch ganz bestimmt „tot" ist. Sollten die Kinder noch nicht bis 10 zählen können, verkürzt sich das Spiel entsprechend.

Das Spiel hilft den Kindern, ihre Aufregung abzureagieren. Danach können sie das Märchen frei nachspielen, solange es ihnen Spaß macht.

Die Autorin

Brigitta Schieder, Dipl.-Logotherapeutin, Ausbildung bei der Gesellschaft für Logotherapie und Existenzanalyse in Wien. Die Märchenerzählerin leitet Seminare für die Europäische Märchengesellschaft e.V. sowie Fortbildungen für Erzieher-Innen und Lehrkräfte.